Panorama-Karte der SCHWÄBISCHEN ALB
Säntis
Allgäuer Alpen
LINDAU
B O D E N S E E
KONSTANZ
RAVENSBURG
FRIEDRICHSHAFEN
MEERSBURG
ÜBERLINGEN
Ludwigshafen
O B E R S C H W A B E N
Donau
Mengen
Pfullendorf
Riedlingen
Obermarchtal
Zwiefaltendorf
Sigmaringendorf
SIGMARINGEN
Meßkirch
Inzigkofen
Gutenstein
Burg Wildenstein
Schloß Bronnen
Beuron
TUTTLINGEN
Jungnau
Upflamör
Hayingen
Anhausen
Zwiefalten
Indelhausen
Wimsener Höhle
Gundelfingen
Hundersingen
Veringenstadt
Hausen i. T.
Schloß Werenwag
Fridingen
Mühlheim a. d. D.
Stetten a. k. M.
Frohnstetten
Irrendorf
Heinstetten
Straßberg
Winterlingen
Gammertingen
Landgestüt
Marbach
Grafeneck
Sternberg
844
Gomadingen
Steinhilben
Mägerkingen
Neufra
GROSSER HEUBERG
Schwäbische Albstraße
Bärenthal
Böttingen
Dreifaltigkeitsberg
985
Großengstingen
Trochtelfingen
Seeburg
Schloß Lichtenstein
Hausen
Stetten u. H.
Bitz
Meßstetten
Hartheim
Nusplingen
Unterdigisheim
Obernheim
Oberdigisheim
Klippeneck
Würtingen
Honau
Erpfingen
Bärenhöhle
Burladingen
Ebingen
Hossingen
St. Johann
Holzelfingen
Nebelhöhle
Melchingen
Sonnenbühl
Unterhausen
Undingen
Kornbühl
887
Willmandingen
Hausen i. K.
Linkenboldshöhle
Killer
Tailfingen
Lautlingen
Albstadt
Wehingen
Gosheim
Deilingen
Urach
Hohe Warte
820
Genkingen
Salmendingen
Raichberg
Onstmettingen
Zeller Horn
912
Killertal
Dettingen
Pfullingen
Gönningen
Burg Hohenzollern
855
Achalm
707
Eningen
Neuffen
Frommern
Schömberg
Boll
Stetten
Metzingen
REUTLINGEN
Gomaringen
Mössingen
HECHINGEN
Bisingen
BALINGEN
KLEINER HEUBERG
BAD SEBASTIANSWEILER
Dußlingen
Eyach
Ostdorf
Rosenfeld
Starzel
Neckar
Neckartailfingen
Rangendingen
TÜBINGEN
Bebenhausen
Rottenburg
Haigerloch
Vöhringen
Aich
Bernhausen
BAD IMNAU
Wurmlingen
BAD NIEDERNAU
Mühlheim a. B.
Empfingen
S C H Ö N B U C H
465
312
32
313
463
14
28
27
B 27
297

BILDFOLGE – Bilderreise durch die SCHWÄBISCHE ALB
Contents – Journey through the SCHWÄBISCHE ALB
Contenu – Voyage à travers du JURA SOUABE

ZIETHEN-PANORAMA VERLAG
D-53902 Bad Münstereifel · Flurweg 15
Telefon: 02253 - 6047 · Fax: 02253 - 6756

1. Auflage 1999

REDAKTION und Buchgestaltung: HORST ZIETHEN

TEXT und redaktionelle Beratung: HANS BINDER

Exclusiv-Fotografie: RODRUN/ROBERT KNÖLL
Zusatzaufnahmen:
Seite 2 Institut u. Museum für Paläontologie, Tübingen
Seite 34/35 Karl Kinne
Seite 48 Xenil-Dia
Seite 60 Elfenbeinschnitzereien:
„Löwenmensch"- Ulmer Museum,
vier weitere Tierabbildungen:
Institut für Urgeschichte der Universität Tübingen
Seite 84 „Ammoniten" - Horst Ziethen

Nachsatzseiten: Graphik „Tiere der Eiszeit" - Frank Ziethen

Englisch-Übersetzung: John Stevens
Französisch-Übersetzung: France Varry

Druck, Lithografie, Satz:
ZIETHEN-FARBDRUCKMEDIEN GmbH
D-50999 KÖLN, Unter Buschweg 17
Fax: 02236 - 398989

Buchbindung: Leipziger Großbuchbinderei
Printed in Germany
ISBN 3-929932-98-9

Entdeckungsreise durch die

SCHWÄBISCHE ALB

Text: Hans Binder
Farbfotografie: Robert Knöll

ZIETHEN-PANORAMA VERLAG

2 **MEERESKROKODIL in Ölschiefer aus der Jurazeit / Fundort: HOLZMADEN / SEA CROCODILE in Jurassic Oil Shake / Holzmaden, Site of find / CROCODILE MARIN**

Meereskrokodil (Mystriosaurus) aus dem Ölschiefer von Holzmaden (Lias epsilon/Schwarzer Jura). Besonders im Ölschiefer des Schwarzen Juras, der vor rund 180 Millionen Jahren abgelagert wurde, sind viele wirbellose Tiere wie Seelilien, aber auch Saurier, Fische und Krokodile als Versteinerungen erhalten geblieben. Die berühmteste Fundstelle ist das Gebiet um Holzmaden bei Kirchheim unter Teck. Das dortige Urweltmuseum zeigt die schönsten Fossilienfunde. Vor einigen Jahren ist ein weiteres Fossilienmuseum in Dotternhausen bei Balingen eröffnet worden.

Sea crocodile (mystriosaurus) from the oil shale of Holzmaden (lias epsilon / Black Jura). The Black Jura oil shale deposited over 180 million years ago is particularly rich in fossils of invertebrate e.g. sea lilies, saurians, fish and crocodiles. The area round Holzmaden near Kirchheim unter Teck is famous for its finds. The finest examples are exhibited in the fossil museum there. Fossils from Holzmaden are exhibited in all of the world's major geological museums. A few years ago a further fossil museum was opened in Dotternhausen.

Un crocodile marin (mystriosaurus) trouvé dans les schistes bitumineux de Holzmaden. Ces roches noires, datant de quelque 180 millions d'années, abondent en fossiles d'animaux invertébrés, de sauriens, de poissons et de crocodiles. Les terrains fossilifères les plus importants se trouvent dans la région de Holzmaden, près de Kirchheim unter Teck. Le musée des fossiles de la ville abrite une très belle collection. Par ailleurs, on trouve des fossiles de Holzmaden dans tous les musées géologiques de renom du monde.

HANS BINDER

Farbbild-Reise durch die

Schwäbische Alb

Die SCHWÄBISCHE ALB als das Herzstück Baden-Württembergs erstreckt sich in einer Länge von 180 Kilometer und einer Breite bis zu 40 Kilometer als ein vielseitiges, reizvolles Mittelgebirge quer durch Süddeutschland. Die Landkarte zeigt uns, wie die Schwäbische Alb von Nordosten bei Nördlingen im „Ries" in südwestlicher Richtung zum Hochrhein bei Schaffhausen verläuft.

Wenn wir von der Filderebene beim Flughafen Stuttgart nach Süden auf die Schwäbische Alb zufahren, sehen wir den „Albtrauf" in der Ferne als eine „Blaue Mauer" vor uns liegen, wie ihn der schwäbische Dichter Eduard Mörike in der Mitte des 19. Jahrhunderts genannt hat. Nach dem Überqueren des Neckars und der Annäherung an den Albaufstieg der Autobahn A 8 Ulm Richtung München wird dem Reisenden klar, daß diese blaue Mauer weder blau noch eine Mauer ist. Grüne Wälder bedecken die Hänge des Albtraufs, und zahlreiche Täler gliedern das von ferne so einheitlich wirkende Mittelgebirge. Das Albvorland mit seinen Streuobstwiesen, in denen schmucke Ortschaften liegen, dazu einzelne Kegelberge vor dem Albtrauf, hat seinen besonderen Reiz. Diese Kegelberge künden davon, daß die Juraschichten der Schwäbischen Alb einst auch das heutige Vorland bedeckten. Durch Verwitterung fand in Jahrmillionen eine ständig fortschreitende Abtragung statt. Doch nicht alle Kegelberge vor dem Trauf der Mittleren Alb sind Zeugen der Abtragung. Es können sich darunter auch ehemalige Vulkanschlote befinden, denn vor 20 bis 16 Millionen Jahren war im Gebiet zwischen Kirchheim unter Teck und Bad Urach der „Schwäbische Vulkan" aktiv. Der nördlichste der ehemaligen Vulkanschlote liegt 23 Kilometer vom heutigen Albtrauf entfernt auf den Fildern, unweit des Flughafens Stuttgart. Brocken von Weißjuramergeln und -kalken sind im vulkanischen Material eingeschlossen. Sie beweisen, daß die Schwäbische Alb in jenen fernen Zeiten sich bis in diese Gegend erstreckte. Ein weiteres Erbe, das der Schwäbische Vulkan hinterlassen hat, ist die schnellere Zunahme der Erdwärme im ehemaligen Vulkangebiet.

A Journey of Discovery through the

Schwäbische Alb

The Schwäbische Alb lies at the heart of Baden-Württemberg, a varied and attractive highland area 180 km long and up to 40 km wide, stretching right across Southern Germany. On the map it is easy to see how it extends from Nördlingen in the northeast, southwestwards to the upper reaches of the Rhine near Schaffhausen.

As you approach the Schwäbische Alb travelling south from the plain around Stuttgart Airport, you see the "Albtrauf" as a "Blue Wall" in the distance ahead of you. This is how the Swabian poet Eduard Mörike described it in the middle of the 19th century. On crossing the Neckar and reaching the foothills by the A8, the autobahn to Ulm and Munich, you realize that this blue wall is in fact neither blue nor a wall. The slopes of the Albtrauf are covered with thick green forest, and innumerable valleys criss-cross the landscape that looked so uniform from the distance. The foothills with their fruit orchards, pretty villages and the occasional cone-shaped hill, have a special charm. The cones are an indication that the Jurassic layers of the Schwäbische Alb once covered the present approaches, too. Over the course of millions of years these were progressively eroded. But not all the cones to be found in the Trauf area before you get to the Central Alb are evidence of such erosion. Some of them are in fact extinct volcanoes; 16-20 million years ago there was volcanic activity in the area between Kirchheim unter Teck and Bad Urach. The northernmost of these former chimneys is 23 kilometres from the present-day Albtrauf, not far from Stuttgart Airport. Chunks of White Jura marl and limestone are intercalated with the volcanic material. They are proof that the Schwäbische Alb in those far-off times extended right into this area. Another legacy from this period is the fact that the earth heated up faster in the area of the former volcanoes. Thus 30 years ago, thermal water was tapped in Bad Urach and in the village of Beuren at the foot of the Hohenneuffen castle ruins.

A la découverte du

Jura Souabe

Montagne moyenne du Sud de l'Allemagne, le Jura souabe (Schwäbische Alb), au cœur du Bade-Wurtemberg, s'étend sur une longueur de 180 km et possède une largeur maximum de 40 km. Sur la carte, on peut voir comment la montagne décrit une courbe depuis le nord-est, dans la plaine du Ries près de Nördlingen, jusqu'au sud-ouest où elle s'achève aux environs de Schaffhouse en Suisse.

En partant de la plaine des Filder, près de l'aéroport de Stuttgart, en direction du sud, la silhouette du Jura souabe, appelé l'Alb, se dresse au lointain, tel un «mur bleu», ainsi que le poète souabe Eduard Mörike décrivit la montagne au 19e siècle. Après avoir traversé le Neckar et emprunté l'autoroute A 8 en direction d'Ulm - Munich, le voyageur réalise qu'il ne s'approche nullement d'un «mur bleu». Il découvre des versants recouverts de forêts verdoyantes tandis que de nombreuses vallées entrecoupent l'image uniforme que donne la montagne vue de loin. La région qui s'étend devant le Jura souabe est très attrayante avec ses villages pittoresques nichés au milieu de prés et de vergers. Se dressant ça et là, des buttes-témoins rappellent que les couches jurassiques recouvraient autrefois toute cette région, avant que l'érosion ne fasse son travail au cours de millions d'années. Cependant, ces collines ne proviennent pas toutes de la montagne ancienne; certaines abritent d'anciennes cheminées volcaniques; en effet, il y a quelque 20 milions d'années, le «volcan souabe» grondait entre Kirchheim unter Teck et Bad Urach. La cheminée volcanique la plus au nord, s'élève à 23 km de la lisière de la montagne, sur les Filder qui s'étendent près de l'aéroport de Stuttgart. Intégrées aux roches volcaniques, des marnes calcaires dévoilent que le Jura souabe s'étendait jusqu'à cet endroit. Quant au «volcan souabe», il rappelle son ancienne présence par le réchauffement rapide de la terre qui a produit les eaux thermales, découvertes il y a trente ans, à Bad Urach et dans le village de Beuren.

Aus diesem Grund konnte seit etwa 30 Jahren in Bad Urach und in dem Dorf Beuren am Fuße der Burgruine Hohenneuffen Thermalwasser gefördert werden. Auf der Albhochfläche hat der Schwäbische Vulkan keine Kegelberge, sondern Mulden hinterlassen. Man nennt sie nach dem Vorbild der Eifel „Vulkanmaare". Lange Zeit glaubte man, daß auch der Krater, in dem die Stadt Nördlingen liegt, vulkanischen Ursprungs sei. Seit 30 Jahren steht aber fest, daß der Krater mit einem Durchmesser von 26 Kilometern von einem Meteoriteneinschlag vor 15 Millionen Jahren verursacht wurde. Amerikanische und deutsche Geologen konnten dafür den Nachweis führen. Auch das in der Nähe von Heidenheim auf der Ostalb gelegene kleinere „Steinheimer Becken" ist als ein Meteorkrater aus derselben Zeit erkannt worden.

Im wesentlichen besteht die Schwäbische Alb aus Kalkstein- und Mergelschichten. Sie wurden vor 205 bis 135 Millionen Jahren im Meer der Jurazeit abgelagert. In manchen Schichten haben sich Tiere und Pflanzen jener Zeit als Versteinerungen erhalten. Das Urweltmuseum Holzmaden (in der Nähe von Kirchheim unter Teck) ist für seine Fossilien weltberühmt.

Die Schwäbische Alb war zur Jurazeit noch mit Meerwasser bedeckt, das langsam abfloß und seine Kalkablagerungen wurden zum Festland. Zu dieser Zeit wurde das heutige Süddeutschland von gewaltigen Kräften aus dem Erdinnern erfaßt. Sie schoben von Süden her die Schichten der Alpen auf und falteten sie zum Hochgebirge. Diese ungeheure Beanspruchung führte zu Hebungen und Zerrungen des Erdmantels der Jurazeit bei gleichzeitiger Schrägstellung. Dabei bildeten sich zahlreiche Klüfte, wie man in jedem Steinbruch sehen kann. Entlang dieser Klüfte nimmt das Regenwasser seinen Weg in die Tiefe. Es hat in der Bodenzone Kohlensäure aufgenommen und ist damit zur schwachen Säure geworden. Der gelöste Kalk wird zum Teil in den Höhlen als Tropfstein oder

On the Alb plateau the volcanic activity has left hollows rather than cones. These are called maars, as in the Eifel. For a long time the crater in which the town of Nördlingen lies was believed to be of volcanic origin. But in the 1960s it was discovered that the crater, with a diameter of 26 kilometres, was in fact caused by a meteorite 15 million years ago. American and German geologists proved this beyond doubt. The smaller "Steinheim Basin" in the eastern Alb, near Heidenheim, is also a meteorite crater from the same period.

The Schwäbische Alb consists mainly of layers of limestone and marl. These were deposited 135 - 205 million years ago in the sea of the Jurassic period. Fossilized animals and plants from that period are preserved in the stone. The Holzmaden fossil museum (near Kirchheim unter Teck) is famous for its fossil exhibits worldwide.

In the Jurassic period, the Schwäbische Alb was still submerged under the sea. As the sea gradually dried up, limestone deposits created dry land. At that time the area which is now Southern Germany was in the grip of huge forces from the interior of the earth. In the south, rock strata were pushed and forced into what is now the alpine mountain range. The enormous pressures caused upheavals in the earth's crust of the Jurassic period, straining it and exerting diagonal force on it. Innumerable faults formed, as can be seen in any quarry. The rainwater followed these faults downwards. Close to the ground it absorbed carbonic acid and thus became weak acid. The limestone was partially discharged in caves as dripstone, or as calc-tufa in springs after the water exited from the rock. The results of this process, known as karstification, are impressive caves and magnificent waterfalls. But karstification is also the cause of the lack of water in the upper areas of the Alb. Fortunately the development of a water-supply system from 1870 on has solved

Le «volcan souabe» n'a pas laissé de cheminées, mis des cuvettes sur les hauts plateaux du Jura souabe. Pendant longtemps, on a également cru que la ville de Nördlingen était bâtie dans une cuvette d'origine volcanique, mais on sait depuis 30 ans, que le cratère, d'un diamètre de 26 km, a été provoqué par une météorite qui a dû s'abattre sur la terre, il y a 15 millions d'années. Le lieu-dit «Steinheimer Becken», près de Heidenheim dans le Jura souabe oriental, a également les mêmes origines et date de formation.

Le Jura souabe est principalement formé de couches de calcaire et de marnes, sédiments que la mer qui recouvrait la région, déposa durant la période jurassique, il y a 205 à 135 millions d'années avant notre ère. Dans ces sols, on trouva une multitude de fossiles d'animaux et de plantes qui sont aujourd'hui exposés au musée Holzmaden près de Kirchheim unter Teck. Après la disparition de la mer jurassique et la transformation de ses sédiments en terre ferme, la région actuelle du Sud de l'Allemagne subit les violences des entrailles de la terre. Le soulèvement du socle alpin entraîna le plissement et le démantèlement des couches jurassiques; de nombreuses crevasses se formèrent dans les énormes blocs de roches. C'est le long de ces crevasses que l'eau de pluie coule pour s'infiltrer dans la terre. S'étant chargée d'acide carbonique au niveau du sol, l'eau attaque et transporte le calcaire qui se transforme en stalactites et stalagmites dans les grottes, ou en travertin lorsqu'elle rejoint une source. C'est à ce phénomène naturel que le Jura souabe doit ses grottes et ses cascades splendides. Par contre, il est également responsable de la pénurie d'eau permanente des hauts plateaux de l'Alb à laquelle on a remédié grâce à un système d'alimentation en eau construit en 1870. En général, les vallées profondément encaissées ont assez d'eau provenant de rivières et de ruisseaux. Cependant, ces cours d'eau disparaissent parfois soudain.

nach dem Austritt des Wassers in Quellen als Kalktuff wieder ausgeschieden. Das Ergebnis dieses als „Verkarstung" bezeichneten Vorgangs sind sehenswerte Höhlen und stattliche Wasserfälle. Andererseits führt die Verkarstung zur Wasserarmut der Hochalb. Durch die seit 1870 aufgebaute Albwasserversorgung konnte sie behoben werden. In der Regel sind die tief eingeschnittenen Täler wasserreich. Es gibt jedoch auch einige Flüsse und Bäche, die in Wasserschwinden Verluste erleiden. Viel besucht wird die Donauversickerung bei Immendingen. Ihr Wasser tritt etwa 12 Kilometer südlich im Aachtopf im Hegau wieder zu Tage.

Seit etwa 50.000 Jahren haben die Jäger und Sammler der Steinzeit die Höhlen der Schwäbischen Alb als Wohn- und Schlafstätten aufgesucht. Zahlreiche Funde daraus können in verschiedenen Museen des Landes besichtigt werden. Von den schon als Ackerbauern und Viehzüchter lebenden Menschen der ausgehenden Steinzeit, seit etwa 6.000 Jahren v. Chr., und der darauffolgenden Metallzeiten künden Grabhügel und Wallanlagen. Eindrucksvoll sind der „Heidengraben" unweit der Burgruine Hohenneuffen und die „Heuneburg" im Donautal. Über die knapp zwei Jahrhunderte währende Besetzung der Alb und ihres nördlichen Vorlandes durch die Römer kann man sich an vielen Orten im Gelände und in Museen kundig machen. Der germanische Stamm der Alamannen, der die Römer um 260 n. Chr. vertrieb, nahm auch von der Schwäbischen Alb Besitz. Nach der Unterwerfung der Alamannen durch die Franken gegen Ende des 5. Jahrhunderts setzte hierzulande die Christianisierung ein. Zahlreiche Klöster entstanden. Seit dem 8. Jahrhundert waren die Stammesherzöge nicht mehr die von ihrem Volk gewählten Führer, sondern vom jeweiligen Frankenkönig eingesetzte Beamte. In der Folge bildeten sich vielerlei größere und kleinere Herrschaften heraus. Neben dem Herzogtum Württemberg entstanden Grafschaften, ritter-

this problem. The water resurfaces again 12 kilometres to the south in the Hegau area.

There is a further geological event that shaped the landscape of the Schwäbische Alb. In the Tertiary Period, about 25 million years ago, a narrow sea inlet extended between the Schwäbische Alb and the Alps. It flooded the southern part of the Alb and levelled it. The soil quality is considerably better there than in the north, where, in many places, the rock is covered with only a thin layer of top soil, which gives rise to the saying "there was much stone and little bread". About 50,000 years ago the hunters and gatherers of the Stone Age began to use the caves of the Schwäbische Alb as resting places. Countless objects found in them can be viewed in various museums dotted around the state. Tumuli and earthworks were left by the people at the end of the Stone Age about 6000 BC (already living as farmers and cattle breeders), and those of the Iron and Bronze Ages. Impressive examples are the so-called "Heathen Graves" close to the ruins of Hohenneuffen Castle and the "Heuneburg" in the Danube valley. The Roman occupation of the Alb and the northern foothills lasted about two centuries, a period well-documented in many museums, but also by artefacts on the ground. The Alemannians, the Germanic tribe that drove out the Romans, also occupied the Schwäbische Alb. After the subjugation of the Alemannians by the Franks around the end of the 5th century, the conversion to Christianity began. A large number of monasteries were founded. From the 8th century on, the tribal lords were no longer leaders elected by the people, but officials appointed by the ruling Franconian king. As time went by, countless demesnes, both large and small, gradually grew up – alongside the duchy of Württemberg, counties, knightly estates and free imperial towns. Extensive landed property in the southwest of Germany belonged to Austria. The monasteries also often ruled over a large number

Les eaux du Danube par exemple se perdent à Immendingen et réapparaissent 12 km plus loin, dans la source vauclusienne du Aachtopf en Hegau.

Un autre phénomène géologique a marqué le paysage du Jura souabe: à l'ère tertiaire, il y a 25 millions d'années, un étroit bras de mer s'étendait entre le Jura souabe et les Alpes. Il inonda la partie sud du Jura souabe et l'aplanit. Le sol de cette région est bien plus fertile que dans la partie nord où le sol rocheux n'est souvent recouvert que d'une mince couche de terre arable. De cette contrée, on dit qu'elle « apporte beaucoup de pierres, mais bien peu de pain». Il y a environ 50 000 ans, à l'âge de la pierre, les grottes du Jura souabe étaient habitées par des hommes qui vivaient de la chasse et de la cueillette. De nombreuses trouvailles de ces temps sont exposées dans divers musées de la région. Des tumulus et enceintes en pierre rappellent la civilisation d'hommes qui pratiquaient la culture et l'élevage à la fin de l'âge de la pierre, il y a quelque 6 000 ans, et durant l'âge du bronze. D'impressionnants vestiges préhistoriques se dressent non loin du château en ruine de Hohenneuffen et de la «Heuneburg» dans la vallée du Danube. De même, de nombreux endroits du Jura souabe témoignent de l'occupation romaine qui dura 200 ans. La tribu germanique des Alamans chassa les Romains vers 260 après Jésus-Christ et s'installa dans la région. A la fin du 5e siècle, les Alamans furent assujettis par les Francs qui introduisirent le christianisme dans l'Alb et fondèrent de nombreux monastères. A partir du 8e siècle, les chefs des communautés n'étaient plus choisis par le peuple, mais désignés par les rois francs dont ils étaient vassaux. Cela entraîna la naissance de lignées nobles plus ou moins importantes. Outre le duché de Wurtemberg, se créèent des comtés, des baronnies et des villes livres impériales. L´Autriche possédait de vastes domaines dans le Sud-Ouest allemand. Un grand nombre de communes étaient également la propriété de monastères.

schaftliche Gebiete und Freie Reichsstädte. Zu Vorderösterreich gehörten beträchtliche Ländereien im deutschen Südwesten. Auch die Klöster herrschten zum Teil über eine größere Anzahl von Ortschaften. Diese Vielfalt der Herrschaften blieb so bis 1806, dem Ende des Heiligen Römischen Reiches. Erst zu Beginn des 19. Jahrhunderts erfolgte die Zusammenfassung zum damaligen Königreich Württemberg. Lediglich die hohenzollerischen Fürstentümer blieben selbständig. 1849 traten aber die beiden Fürsten ihre Länder an Preußen ab. So kam es, daß die „Hohenzollerischen Lande" erst unter der französischen Besatzungsmacht nach dem Zweiten Weltkrieg mit Württemberg vereinigt wurden!

Noch bis vor 200 Jahren zogen vorwiegend die Handwerksburschen und fliegenden Händler über die Schwäbische Alb. Die Menschen waren damals seßhaft und mußten fürs tägliche Brot schwer arbeiten. Eine Landschaft nur zum Vergnügen, geschweige denn zur Erholung zu erwandern, das kannte man nicht. Ein Wandel in der Einstellung zur Natur kam erst mit der Romantik im 19. Jahrhundert auf. Der Schriftsteller Gustav Schwab stellte seinen Zeitgenossen die Schönheiten der Schwäbischen Alb schon in seinem 1823 erschienenen Naturführer „Die Neckarseite der Schwäbischen Alb" vor. Zwei Jahrzehnte später gründeten Heimatfreunde in verschiedenen Städten „Verschönerungsvereine". Die Vertreter dieser Vereine fanden sich 1888 zusammen, um den „Schwäbischen Albverein" zu gründen, der bis in unsere Tage der mitgliederstärkste deutsche Wanderverein ist. Als seine Aufgabe nannte der damalige Vorsitzende: „Weg und Steg ebnen, die Geschichte von Land und Leuten sowie die Geheimnisse von Geologie und Botanik bekannt zu machen, die Freude am Wandern zu hegen und zu pflegen." Der Verein fand alsbald großen Zulauf. Den Bemühungen des Schwäbischen Albvereins ist es zu danken, daß die Schwäbische Alb als eines der schönsten Wandergebiete Deutschlands bekannt wurde

of places. This wide range of territories remained until the end of the Holy Roman Empire in 1806.

It is still possible today to unravel the network of tenures, the size of the farm or estate, everyday customs and festivals being key clues. The Alemannian carnival, "Fasnet", lives on, but only in Catholic parishes. It was not till the early 19th century that the Kingdom of Württemberg was consolidated. Only the Hohenzollern princedoms remained independent. In 1849, however, both princes ceded their lands to Prussia. So it was only under the French occupying power after the end of the Second World War that the "Hohenzollern Lands" were united with Württemberg, at last.

Up to 200 years ago, it was mainly journeymen and peddlars who wandered from place to place across the Schwäbische Alb. People in those days were very settled and sedentary and had to work hard for their daily bread. A region used for pleasure, or hiked through just for relaxation was something unknown. A change in people's attitudes to nature did not evolve until the coming of Romanticism. The writer Gustav Schwab introduced his contemporaries to the beauties of the Schwäbische Alb in his guide "The Neckar side of the Schwäbische Alb", published in 1823. Two decades later, local societies were founded in various towns, devoted to the care and improvement of local amenities. In 1888 representatives of these associations founded the Schwäbische Alb Association, which to this day has remained the German hiking association with the largest numbers of members. The then chairman formulated the association's aims in these terms: making and grading paths and footbridges, making known the history of the region and its people and also the secrets of its geology and botany, and the cultivation of the joy of hiking. The association soon became very popular, and it is thanks to the Schwäbische Albverein that the Schwäbische Alb became widely known as one of

Cette diversité féodale demeura jusqu'à la fin du Saint-Empire en 1806. La Réforme qui advint au 16e siècle ne fut pas appliquée dans toutes les régions, et jusqu'aujourd'hui, on peut déterminer les diverses appartenances aux anciennes maisons nobles dans l'importance des fermes, dans les coutumes et dans les jours de fêtes. Par exemple, certaines fêtes ne sont célébrées que dans les communes catholiques. Au début du 19e siècle, le Wurtemberg devint un royaume à part entière tandis que la principauté de Hohenzollern conservait son autonomie. Ils restèrent indépendants jusqu'à ce que leurs princes cèdent la souveraineté à la Prusse en 1849. Les deux anciens Etats allaient être définitivement réunis sous l'occupation française, après la seconde guerre mondiale.

Il y a encore 200 ans, les compagnons et les marchands ambulants étaient les seuls, parmi le petit peuple, à se déplacer de région en région. Les gens étaient alors sédentaires et devaient travailler dur pour gagner leur pain quotidien. La nature n'était pas là pour être admirée et encore moins pour s'y détendre ou s'y promener. Cependant, cette conception commença à changer à l'époque du romantisme. L'écrivain Gustav Schwab dévoila à ses contemporains les beautés du Jura souabe dans un guide paru en 1823. Deux décennies plus tard, des «sociétés d'embellissement du terroir» étaient créées dans plusieurs villes de la région. Des représentants de ces sociétés se réunirent en 1888 pour fonder le «Schwäbische Albverein» (association de l'Alb souabe) qui jusqu'aujourd'hui, est la plus importante amicale de randonneurs d'Allemagne. Son président de l'époque définit ainsi sa tâche: «Entretenir les chemins, faire connaître l'histoire du pays et de ses habitants ainsi que les secrets de la géologie et de la botanique, cultiver le plaisir des randonnées.» L'association eut bientôt un énorme succès et c'est grâce à elle que le Jura souabe acquit la réputation d'être l'une des plus belles régions de randonnées d'Allemagne.

und viele Freunde gewonnen hat. In unserer Zeit geht es nun darum, den Folgen der wirtschaftlichen Veränderungen, die sich auf die Landschaft auszuwirken beginnen, entgegenzutreten. Es wird angestrebt, den Lebensraum der Bewohner und den Erholungswert der Schwäbischen Alb zu erhalten und somit einen „Naturpark" zu schaffen.

Die Zeiten sind vergangen, in denen man statt von der Schwäbischen Alb von der „Rauhen Alb" sprach. Manche Gegenden verspottete man gar als „Schwäbisch Sibirien". Nun wird niemand leugnen wollen, daß es auf der Alb etwas kälter ist als in ihrem Vorland. Es ist jedoch nicht kälter als auf vergleichbaren deutschen Mittelgebirgen. Darum wird der Kenner jenem preußischen General zustimmen, der vor 100 Jahren einige Zeit auf dem Truppenübungsplatz Münsingen zugebracht hat. Im Gästebuch seines Hotels hinterließ er den Vers:

„Anfangs trauten wir nur halb
Deinen Reizen, Rauhe Alb.
Reuig rufen wir beim Gehen:
Rauhe Alb, auf Wiedersehen!"

the finest hiking areas in Germany and acquired so many friends. Today's preoccupations are devoted to withstanding the adverse effects of economic change on the agricultural way of life. The association aims to preserve the landscape as a place where people live and gain their livelihood, and as a place of relaxation. It hopes to establish nature reserves.

Long since past are the times when the Schwäbische Alb was referred to as bleak. Some parts were even ridiculed as "Swabian Siberia". Though nobody would deny that it's somewhat colder up on the Alb than down below. But it's not colder than in other upland areas, so experts will agree with that Prussian general who spent some time on the Münsingen training area 100 years ago. In the visitors' book at his hotel he wrote a verse that goes something like this:

"At the beginning we only half trusted
your charm, bleak Alb.
Contrite, as we prepare to leave,
we cry: farewell, bleak Alb, till the next time."

A l'heure actuelle, il s'agit surtout de lutter contre les changements que le progrès économique commence à faire subir à l'environnement. L'objectif est de préserver la nature et l'espace vital des habitants du Jura souabe. La création de parcs protégés est en projet dans différentes contrées.

Il y a longtemps qu'on ne qualifie plus le Jura souabe de «pays âpre», sinon de «Sibérie souabe». Il est vrai que le climat est assez rude sur ses hauts plateaux, mais il n'est pas plus rigoureux que dans les autres montagnes moyennes d'Allemagne. Aussi, le connaisseur de ce terroir ne pourra-t-il qu'approuver ce général prussien qui, il y a cent ans, passa quelque temps à Münsingen et laissa ces vers dans le livre d'or de son hôtel:

«A l'arrivée, nous étions méfiants
de ta beauté âpre, Alb souabe
Mais au départ, nous affirmons,
pleins de contrition
A très bientôt, Alb sauvage.»

REUTLINGEN, Marktplatz mit Spital / Market square and hospital / Place du marché et hôpital

ECHAZTAL bei Honau und Unterhausen

Kaiser Friedrich Barbarossa erhob 1182 Reutlingen zum Markt. Seit dem 13. Jahrhundert ist Reutlingen Freie Reichsstadt und war lange Zeit ein mächtiger Widerpart zu Württemberg, dem es 1802/03 zugeteilt wurde. Das rechte Bild zeigt einen Blick von Schloß Lichtenstein in das dichtbesiedelte Echaztal mit Honau im Vordergrund.

Emperor Frederick Barbarossa gave Reutlingen the right to hold markets, and thus the status of a market town, in 1182. A free imperial town from the 13th century on, Reutlingen was for a long time a powerful adversary of Württemberg's, until it was integrated into it in 1802/3. – The photo on the right shows the view from Lichtenstein Castle of the densely populated Echaz valley with Honau in the foreground.

L'empereur Barberousse accorda son droit de ville à Reutlingen en 1182. Devenue Ville impériale libre au 13e siècle, Reutlingen resta longtemps un adversaire puissant du Wurtemberg à qui elle fut annexée en 1802/03. A voir, la place du marché avec l'hospice et une jolie fontaine. – Vue depuis le château de Lichtenstein sur l'Echaztal, vallée à la population dense, avec le village de Honau au premier plan.

SCHLOSS LICHTENSTEIN

Das Schloß Lichtenstein ist zu einem Wahrzeichen der Schwäbischen Alb geworden. Wilhelm Hauffs Roman „Lichtenstein", von ihm selbst als „romantische Sage aus der württembergischen Geschichte" bezeichnet, erschien 1826 und wurde im ganzen Land begeistert aufgenommen, auch von Herzog Wilhelm von Urach. Er ließ 1840/41 auf den Grundmauern einer 1802 abgebrochenen mittelalterlichen Burg das Schloß erbauen, wie es heute zu sehen ist. Auf der rechten Seite der Rittersaal (oben) und Königssaal (unten).

Lichtenstein Castle

Lichtenstein Castle has become one of the Schwäbische Alb's key landmarks. – Wilhelm Hauff's novel "Lichtenstein", published in 1826 and described by the author himself as a "romantic legend from Württemberg's history", met with an enthusiastic reception throughout the state, including Duke William von Urach. In 1840/41 he had the castle built, in its present form, on the foundations of a medieval castle that had been pulled down in 1802. The right-hand page shows the Knights' Hall (top) and the Royal Hall (bottom).

Le château de Lichtenstein

Le château de Lichtenstein est un des symboles du Jura souabe. Le roman de Wilhelm Hauff « Lichtenstein », paru en 1826, que le poète décrit comme un «conte romantique de l'histoire wurtembourgeoise» , fut accueilli avec enthousiasme dans tout le pays et notamment par le duc Wilhelm von Urach. En 1840/41, il fit construire le château, tel qu'on peut l'admirer aujourd'hui, sur l'emplacement d'un château fort médiéval, rasé en 1802. Sur la page de droite: la salle des chevaliers (en haut), et la salle royale (en bas).

1486 wurde die Nebelhöhle erstmals erwähnt. Doch erst als der spätere König Friedrich I. von Württemberg 1803 die illuminierte Höhle besucht hatte, erwachte das allgemeine Interesse an ihr. Seit 1804 wird am Pfingstmontag das Nebelhöhlenfest gefeiert. – Dem Erpfinger Schulmeister fiel 1834 beim Kräutersuchen seine Schnupftabaksdose in ein Loch, über das er sich gebeugt hatte. So wurde die darunter liegende „Karlshöhle" entdeckt. 1949 zeigten Fledermäuse den Weg zu einer Fortsetzung der Höhle. Man fand dort Knochen von Höhlenbären und nannte sie „Bärenhöhle".

The first recorded mention of the Nebelhöhle was in 1486. But it was not till King Frederick I of Württemberg visited the illuminated cave in 1803 that popular interest was aroused. Ever since 1804 the Nebelhöhle Festival has been celebrated each year on Whit Monday. – While out collecting herbs in 1834, the Erpfingen schoolmaster dropped his snuff box down a hole that he had bent over. This is how the Karlshöhle came to be discovered. In 1949 bats showed the way to an extension of the cave. Bear bones were discovered, hence the name Bears' Cave.

La grotte dite Nebelhöhle est mentionnée pour la première fois en 1486. Mais elle n'éveilla l'intérêt qu'en 1803, après que le roi Frédéric I de Wurtemberg eut visité la grotte illuminée. Une fête y est célébrée le lundi de la Pentecôte depuis 1804. – En 1834, un maître d'école qui cherchait des plantes, fit tomber sa blague à tabac dans une petite crevasse. Il se pencha et découvrit la grotte qui est baptisée Karlshöhle. En 1949 chauves-souris montrèrent le chemin jusqu'à une salle plus profonde de la caverne (grotte des ours).

GESTÜTSMUSEUM MARBACH

Seit über 400 Jahren tummeln sich Pferde auf den Weiden um den Gestütshof Marbach an der Lauter. Angeschlossen sind die drei Gestütshöfe Güterstein, Offenhausen und St. Johann. Im Hauptgestüt Marbach ist Gelegenheit, an Ferien-Reitkursen teilzunehmen. Die herbstlichen Hengstparaden mit großem Programm ziehen viele Besucher an. Außer auf den Weiden können die Pferde auch in den Stallungen besichtigt werden. In der Kirche des ehemaligen Frauenklosters Offenhausen ist das Gestütsmuseum untergebracht .

MARBACH STUD-MUSEUM

For over 400 years horses have been frisking about on the meadows of the Marbach an der Lauter stud. Linked to it are the Güterstein, Offenhausen and St. Johann studs. In the main stud farm Marbach, visitors can take holiday riding courses. The stallion parades and accompanying programme every autumn draw large crowds. The horses can also be viewed in the stables. The stud museum is housed in the church of the former Offenhausen nunnery.

LE MUSÉE DU HARAS DE MARBACH

Le haras bien connu de Marbach an der Lauter existe depuis plus de 400 ans. Les élevages de chevaux de Güterstein, Offenhausen et St. Johann y sont aujourd'hui rattachés. Marbach, le haras principal, propose des séjours d'équitation durant les périodes de vacances. En automne, la Parade des étalons attire une foule nombreuse. En outre d'un programme de réjouissances qui dure toute la journée, les visiteurs ont la possibilité d'approcher les chevaux sur les prés et de visiter les écuries. Le haras comprend un petit musée, installé dans l' église de l'ancien cloître d'Offenhausen.

Münsingen war seit dem 7. Jahrhundert ein geistlicher und weltlicher Mittelpunkt. Als Teil der Grafschaft Urach fiel der Ort 1263 Württemberg zu. Im Schloß wurde 1482 der „Münsinger Vertrag“ geschlossen, in dem die Wiedervereinigung des 1442 geteilten Landes besiegelt wurde. Dies war eine der Voraussetzungen für die Erhebung der Grafschaft Württemberg zum Herzogtum, die auf dem Reichstag zu Worms 1495 erfolgte. Münsingen hat sich sein anheimelndes Stadtbild erhalten können.

Ever since the 7th century, Münsingen has been an important spiritual and secular centre. In 1263 it was ceded to Württemberg as part of the county of Urach. In 1482 the “Münsinger Treaty” was signed in the castle, confirming the reunification of the state that had been divided for 40 years. This prepared the way for the elevation of the county of Württemberg to the rank of a duchy at the 1495 Imperial Diet in Worms. Münsingen's cosy townscape has been preserved.

Münsingen fut un centre culturel et spirituel de la région dès le 7e siècle. La commune revint au Wurtemberg en 1263 qui avait annexé le comté d'Urach dont elle faisait partie. C'est dans le château que fut signé en 1482 le « traité de Münsingen» qui réunissait de nouveau Le Wurtemberg et l'Urach séparés depuis 1442. C'était une condition pour que le comté du Wurtemberg devienne un duché, ce qu'il obtint à la Diète de Worms en 1495. Münsingen a en grande partie conservé sa physionomie d'autrefois.

Der Hasenhäuslesberg ist Teil der Umrandung eines tertiären Vulkanmaares, in dem Römerstein-Donnstetten liegt. Römische Gebäudereste wurden im Maarkessel entdeckt - ein kleines Kastell auf dem Hasenhäuslesberg. Es wurde als Teil des „Alblimes" nach 74 n. Chr. angelegt, als es unter Kaiser Vespasian nötig wurde, die Verbindung zwischen den Provinzen Obergermanien am Oberrhein und Rätien im Alpenvorland abzukürzen. Damals rückten die Truppenteile von der Donau nach Norden auf die Alb vor, wo an vielen Stellen Kastelle errichtet wurden.

The Hasenhäuslesberg is part of the rim of a Tertiary volcanic maar in which Römerstein-Donnstetten lies. Roman remains have been found in Maarkessel, a small fort on the Hasenhäuslesberg. It was built after 74 AD as part of the Alb limes when Emperor Vespasian deemed it necessary to shorten the connection between the provinces of Upper Germania on the upper reaches of the Rhine and Rhaetia in the Alpine foothills. Troops stationed at the time on the Danube advanced northwards onto the Alb and forts were built at all suitable crossing points.

Le «Hasenhäuslesberg» est un vestige de la paroi d'un cratère volcanique de l'ère tertiaire dans lequel se niche la petite ville de Römerstein-Donnstetten. Les ruines d'un castel romain se dressent sur le «Hasenhäuslesberg». Ce castel faisait partie du «Limes souabe», la ligne fortifiée édifiée à partir de 74 ap. J.-C. durant le règne de l'empereur Vespasien, pour raccourcir la liaison entre les provinces romaines de la Haute-Germanie et celles des préalpes. Pour remonter vers le Nord, les légions romaines stationées le Danube traversaient le Jura souabe.

Vor Einführung der Albwasserversorgung ab 1870 waren die Ortschaften der Hochalb auf das in Zisternen gesammelte, von den Strohdächern ablaufende Regenwasser als Trink- und Kochwasser angewiesen. Bei anhaltender Trockenheit mußte mit Pferdefuhrwerken Wasser in Fässern aus den Tälern geholt werden. Zur Viehtränke, als Pferdeschwemme und für Feuerlöschzwecke sammelte man das Wasser in „Hülen". Eine der wenigen erhaltenen Hülen ist die von Römerstein-Zainingen, in einem tertiären Vulkanmaar gelegen und heute als Schmuckstück gepflegt.

Before the Alb water-supply system was introduced from 1870 on, the villages in the uplands were dependent for their drinking water on what drained down off the thatched roofs and was stored in wells. In extended periods of drought, water had to be fetched from the valleys in casks by horse and cart. Water was collected in so-called "Hülen" to water the cattle and for fire-fighting. One of the few Hülen still remaining is the one in Römerstein-Zainingen, which is situated in a tertiary volcanic maar. It is now preserved for posterity.

Avant la construction en 1870, d'un système d'alimentation en eau, les habitants des villages montagnards de l'Alb avaient pour toute eau potable l'eau de pluie qu'ils recueillaient dans des citernes. Quand les périodes de sécheresse duraient trop longtemps, il leur fallait descendre dans la vallée et aller chercher de l'eau qu'ils remontaient dans des tonneaux transportés sur des charrettes tirées par des chevaux. Pour abreuver les animaux et éteindre les incendies, ils se servaient de l'eau recueillie dans de grandes mares.

Der Winter zaubert stimmungsvolle Bilder auf der Schwäbischen Alb; hier ein Blick über das Kirrtal auf Römerstein-Böhringen, rechts im Bild sieht man das verschneite Gelände beim Rasthaus der Laichinger Tiefenhöhle. Anfang unseres Jahrhunderts entdeckten die Skifahrer die Schwäbische Alb für ihren Sport. Noch immer ist die Alb ein beliebtes Langlaufgebiet. Nach dem Zweiten Weltkrieg wurden an waldfreien Nordhängen Pisten für den Abfahrtslauf mit Skiliften und großen Parkplätzen für die Autos angelegt. Schweinwerferlicht erhellt diese Sportanlagen bis tief in die Nacht.

Winter creates magical images on the Schwäbische Alb. View across the Kirr valley towards Römerstein-Böhringen. – The recreation area round the Laichinger cave in the snow. At the beginning of the 20th century, skiers discovered the Schwäbische Alb. It has remained a popular cross-country skiing area ever since. After the Second World War pistes for downhill skiing were made on unforested north-facing slopes, with lifts and large car parks. Some of the pistes are floodlit till late at night to cater for the needs of skiers from the big towns and cities.

Les hivers sont souvent longs et rudes dans le Jura souabe, notamment sur les hauts plateaux. Mais en compensation, la nature offre de véritables paysages de cartes postales. Dans la vallée enneigée de Kirrtal, une petite route mène au village pittoresque de Römerstein-Böhringen. – Les arbres croulent sous la neige dans la campagne qui entoure les grottes dites Tiefenhöhle, près de Laichingen. Par beau temps, une foule nombreuse afflue à cet endroit qui a été aménagé en aire de loisirs.

Eine solche winterliche Pracht läßt die Kälte vergessen! Beim Maxfelder Hof in der Nähe von Hayingen. – Sonnenbühl-Willmandingen auf der Reutlinger Alb im Abendsonnenschein zur Winterszeit. Schneereiche Winter sind in den letzten Jahren seltener geworden. Wir können uns heute kaum noch vorstellen, daß früher in manchen Jahren von November bis Februar eine anhaltende dichte Schneedecke auf dem Land lag. Kälte und Schnee beherrschten das Leben. Manches Dorf war oft tagelang von seinen Nachbarorten abgeschnitten.

Winter in all its glory makes you forget all about the cold. Near the Maxfelder Hof close by Hayingen. – Sonnenbühl-Willmandingen on the Reutlinger Alb at sunset in winter. Winters with lots of snow have become rarer in recent years, and it is hard to imagine that in many years in the past the countryside was snow-clad from November right through to February. Many a village was cut off for days at a time, and horses pulling "track sledges" had to be used to clear the roads and make them passable again.

La magnificence des paysages fait oublier les frimas! La nature montre toute sa splendeur au lieu-dit Maxfelden, près de Hayingen, une localité charmante, très agréablement située entre Münsingen et Zwiefalten, sur la route d'Ulm. – Le soleil d'hiver se couche derrière Sonnenbühl-Willmandingen, un petit village formé de deux hameaux qui se niche sur la Reutlinger Alb, un versant du Jura souabe, situé non loin de la ville industrielle de Reutlingen.

▲ Märzenbecher

▲ Trollblume/Goldköpfchen

▲ Märzenbecher

▼ Frühlingsenzian

▲ Knabenkraut

▼ Küchenschelle

▼ Weiße Seerose

▼ Gelber Enzian

▼ Silberdistel

Die Gütersteiner Wasserfälle bei Bad Urach teilen sich in eine Reihe von Kaskaden auf. Man kann sich nur schwer vorstellen, daß an dieser Stelle einst eine Kartause stand, die nach der Landesteilung von 1442 sogar die Grablege der Uracher Linie der Grafen von Württemberg war. Nach der Reformation wurde die Kartause aufgelöst, die Grablege in die Tübinger Stiftskirche verlegt. Der Fohlenhof im Tal wurde 1554 errichtet. Das 1715 an den Wasserfällen erbaute Pumpwerk für das oberhalb gelegene Gestüt St. Johann wurde zum Vorbild der Albwasserversorgung.

The Güterstein waterfalls near Bad Urach are made up of a series of cascades. It is hard to believe that there was once a charterhouse here, which in fact became the burial place of the Urach line of the Counts of Württemberg after the state was divided in 1442. After the Reformation the charterhouse was dissolved and the burial place transferred to the collegiate church in Tübingen. The foals building in the valley was erected in 1554. The pumping station was built by the waterfalls in 1715 to serve the St. Johann stud situated above them.

La chute d'eau de Gütersteiner, près de Bad Urach, ruisselle en plusieurs cascades. On ne peut guère s'imaginer qu'une chartreuse se dressait à cet endroit. Après la division du pays en 1442, elle abrita même les tombeaux des comtes de Urach, une branche de la lignée des comtes de Wurtemberg. La chartreuse fut dissoute après la Réforme et les tombeaux transférés dans l'église collégiale de Tübingen. Le haras de poulains, dans la vallée, fut construit en 1554. La pompe à eau érigée en 1715 près de la cascade pour alimenter le haras St. Johann situé au-dessus.

Das stattliche Schloß in Bad Urach wurde 1443 nach der Landesteilung als Residenz errichtet. Es dient heute für festliche Veranstaltungen und beherbergt Museen. Unweit des Schlosses steht die von Peter von Koblenz begonnene spätgotische Amanduskirche. Im Mönchshof daneben befand sich bis 1977 für anderthalb Jahrhunderte eines der Seminare zur Vorbereitung auf das Theologiestudium im Tübinger Stift. Nach einer Thermalwasserbohrung im Jahr 1970 erhielt die Stadt das Prädikat „Bad“. Alle zwei Jahre findet der traditionelle „Uracher Schäferlauf“ statt.

The magnificent castle in Bad Urach was built as a court seat in 1443 after the division of the state. Today it is used for ceremonial occasions and houses museums. Not far from the castle is the late-Gothic Amandus Church, begun by Peter von Koblenz. For one and a half centuries up to 1977 the monks' building next to it housed one of the seminaries that prepared novices for their theological studies in Tübingen. After thermal springs were tapped in 1970, the town became an official spa. The Urach Shepherds' Race every other year is a picturesque spectacle.

Le château de Bad Urach fut érigé en 1443 comme résidence des comtes de Urach après la division du pays. Aujourd'hui, il abrite une salle des fêtes et un musée. Derrière le château, se dresse l'église de style gothique tardif, commencée par le maître d'œuvre Peter von Coblence. Le Mönchshof (maison des moines) avoisinant fut pendant un siècle et demi, jusqu'en 1977, un séminaire qui préparait aux études de théologie de la collégiale de Tübingen. A Bad Urach qui est officiellement une ville thermale depuis 1970, se déroule tous les deux ans la fête des Bergers.

URACHER WASSERFALL

Die Quelle, die den Uracher Wasserfall speist, entspringt an einer Schichtgrenze im Weißen Jura. Im Lauf der Zeit hat sich eine gewaltige Kalktuffbarre, die „Hochwiese", aufgebaut, über die der Bach 30 Meter tief hinabstürzt. Das zerstiebende Wasser setzt Kalzitkristalle frei, die sich an den Moosen und Farnen festsetzen. Als seinen „geistigen Vater" ehrte der Schwäbische Albverein durch einen Gedenkstein auf der Hochwiese den Schriftsteller Gustav Schwab, der 1823 als erster zu Albwanderungen aufgerufen hatte.

URACH WATERFALLS

The spring that feeds the Urach waterfalls rises from the edge of a stratum of White Jura. In the course of time, a huge calc-tufa barrier, the so-called "High Meadow", has accumulated, over which the stream tumbles down 30 metres. The spray releases calcite crystals which get trapped in the moss and ferns. On the Hochwiese, the Schwäbische Alb Association put up a memorial to its "spiritual father", Gustav Schwab, who was the first to encourage hiking on the Alb, as early as 1823.

La cascade dite «Uracher Wasserfall»

La source qui alimente la cascade dite «Uracher Wasserfall», jaillit d'une couche de calcaire jurassique. Au cours des années, s'est formée une immense paroi en tuf appelée «Hochwiese», sur laquelle l'eau ruisselle sur 30 mètres de profondeur en déposant des cristaux de calcite sur la mousse et les fougères. L'association de l'Alb souabe a posé une plaque commémorative sur la Hochwiese en hommage à son «père spirituel», l'écrivain Gustav Schwab qui, en 1823, fut le premier à décrire les beautés de la région et à inciter à sa découverte.

Dettingen an der Erms ist eine der ältesten Siedlungen im Ermstal und war lange Zeit der bedeutendste Ort der ganzen Gegend. In weitem Umkreis gehörten die Ortschaften zu seinem Kirchsprengel. Für das 11. Jahrhundert ist in der Kirche die Grablege der Grafen von Achalm bezeugt. Vermutlich stammen aus diesem Geschlecht auch die Grafen von Urach ab. 1263 fiel Dettingen mit der Grafschaft Urach an Württemberg. Es entwickelte sich zu einer der industrie- und gewerbereichsten Gemeinden des gesamten Kreises Reutlingen.

Dettingen an der Ems is one of the earliest settlements in the Ems valley, and for a long time was the most important place in the whole region. Places round about far and wide were part of the parish. In the church is the burial place of the Counts of Achalm (11th century). The Counts of Urach were probably descendants of this dynasty. In 1263 Dettingen and the county of Urach became part of Württemberg. It developed into one of the busiest trading and industrial communities in the district of Reutlingen.

Dettingen sur l'Erms est une des plus anciennes agglomérations de la vallée d'Ermstal et en fut la commune la plus importante pendant longtemps. Les villages des environs étaient tous rattachés à cette paroisse. Son église date du 11e siècle, ainsi qu'en témoignent les tombeaux des comtes d'Achalm dont descend certainement la ligne des comtes d'Urach. Dettingen fut rattachée en même temps que le comté de Urach au Wurtemberg en 1263. Au fil du temps, la ville s'est développée en un centre industriel et artisanal prospère du district de Reutlingen.

Die Falkensteiner Höhle bei Bad Urach ist wohl die bekannteste unter den Höhlen der Alb, die keine Schauhöhlen sind. Ihr mächtiges Portal öffnet sich in einer Schlucht, durch die ein Wanderweg führt. Meist versickert der Höhlenbach, die Elsach, innerhalb der Höhle und tritt in einer Quelle am Hang aus. Bei Hochwasser strömen gewaltige Wassermassen aus dem Portal. – Die Weinberge und die auf einem Platz in der Stadt Metzingen beisammenstehenden sieben Keltern erinnern an die einstige Bedeutung der Stadt als Weinbaugebiet.

The Falkensteiner Cave near Bad Urach is one of the most well-known Alb caves not generally accessible to visitors. Its splendid opening is in a gorge that is part of a popular hiking trail. Most of the Elsach stream seeps away inside the cave and re-emerges in a spring on the hillside. In times of flood, however, huge torrents of water surge out of the opening. – The vineyards and the seven presses on a square in the town of Metzingen are a reminder of its former importance as a wine growing community.

La «Falkensteiner Höhle» près de Bad Urach est sans aucun doute la grotte non-aménagée, la plus connue du Jura souabe. Son entrée impressionnante s'ouvre sur un ravin qu'emprunte un chemin de randonnée très fréquenté. Un ruisseau, l'Elsach, coule sous terre à travers la grotte pour réapparaître sur un versant où il se jette dans une source. – Les vignobles qui entourent la commune, et les sept pressoirs exposés sur une de ses places, témoignent de l'ancienne importance vinicole de Metzingen.

„Häuser erzählen die Geschichte der Menschen, die darin lebten, wohnten und arbeiteten", lautet das Motto des Freilichtmuseums Beuren. In den „Herbstwiesen", einem typischen Streuobstwiesengebiet am Albtrauf beim Thermalbad Beuren, sind Häuser und Wirtschaftsgebäude aus dem Umkreis wiedererrichtet worden.

"Houses tell the story of the people who lived and worked in them" is the motto of the Beuren open-air museum. Houses and farm buildings from the surrounding area have been re-erected in the "autumn meadows", a typical fruit-growing location on the Albtrauf near the Beuren spa.

«Les maisons racontent l'histoire des gens qui y ont vécu et travaillé» est la devise du musée en plein air de Beuren. Près de la ville thermale de Beuren, on a reconstruit des habitations et des dépendances agricoles provenant de la région, sur des prés semés d'arbres fruitiers sauvages, paysage typique du Jura souabe.

Der Hohenneuffen ist die größte Burgruine der Alb. Die erste Burg wurde gegen Ende des 11. Jahrhunderts vom Geschlecht der Edelfreien von Neuffen erbaut, aus dem der Minnesänger Gottfried hervorging. Unter Herzog Ulrich begann in der Mitte des 16. Jahrhunderts der Ausbau zur Landesfestung, die 1801/02 geschleift wurde. Der Ort Neuffen wurde 1232 Stadt und kam 1301 zu Württemberg.

Hohenneuffen is the largest ruined castle on the Alb. The first castle was built about the end of the 11th century by the noble line of Neuffen, a dynasty which produced the minnesinger Gottfried. In the middle of the 16th century, under Duke Ulrich, work started on extending it into a state fortress, destroyed in 1801/2. Neuffen itself received town charters in 1232 and became part of Württemberg in 1301.

Le Hoheneuffen est le plus grand château fort en ruine de la région. Le premier édifice fut érigé au 11e siècle par les seigneurs de Neuffen dont est issu le troubadour Gottfried. Le château fut fortifié sous le duc Ulrich au milieu du 16e siècle et rasé en 1801/02. Neuffen, qui reçut son droit de ville en 1232, fut rattachée au Wurtemberg en 1301.

NÜRTINGEN KIRCHHEIM/TECK

Nürtingen, bekannt als Schul- und Industriestadt, hat im Stadtkern viel Altes bewahren können. Am Maientag zieht, seit über 400 Jahren, ein farbenprächtiger Festzug durch die Straßen. Vor dem Rathaus tauschen Landjugend und Stadtoberhaupt Glückwünsche aus. – Nach dem Stadtbrand von 1690, der die ganze Stadt in Schutt und Asche legte, wurde Kirchheim unter Teck am alten Straßenkreuz einheitlich wiederaufgebaut. Eindrucksvoll das Rathaus, das die Längsachse abschließt.

NÜRTINGEN KIRCHHEIM/TECK

In Nürtingen, known as an industrial and educational town, much of historical interest has been preserved in the town centre. On May Day, as for the past 400 years, a colourful parade fills the streets. Outside the town hall, the mayor and young farmers exchange greetings. – After the fire of 1690, that razed the town to the ground, Kirchheim unter Teck was rebuilt at an old crossroads. Impressive the town hall that completes the longtitudinal axis.

NÜRTINGEN KIRCHHEIM/TECK

Nürtingen, cité d'industrie et d'écoles sur la rive droite du Neckar, a conservé de nombreux édifices historiques dans son centre-ville. Depuis plus de 400 ans, un cortège coloré traverse la ville, le 1e mai, pour se rendre à l'hôtel de ville où les jeunes paysans et le bourgmestre échangent des vœux. – Après un incendie qui ravagea Kirchheim unter Teck en 1690, la ville au carrefour d'anciennes routes marchandes, fut reconstruite selon un plan régulier. Un hôtel de ville magnifique ferme la rue principale, aujourd'hui piétonnière.

BURGRUINE TECK REUSSENSTEIN ▷

Bis 1385 war die 1152 erstmals genannte Burg Teck Sitz des nach ihr benannten Herzogsgeschlechts. Titel und Wappen wurden 1495 dem zum ersten Herzog von Württemberg erhobenen Grafen „Eberhard im Bart“ verliehen. Im Bauernkrieg wurde die Burg 1525 niedergebrannt. Der heutige Turm wurde vor 100 Jahren wiedererrichtet, das Wanderheim nach dem 2. Weltkrieg vom Schwäbischen Albverein. – Auf steilem Fels ragt oberhalb von Neidlingen die Ruine Reußenstein auf. Der Bergfried ist aus dem 14. Jh., der Pallas ist 15. Jh.

RUINS OF TECK REUSSENSTEIN ▷

Teck Castle, first mentioned in 1152, was the seat of the dukes of the same name up until 1385. In 1495 the title and coat of arms passed to Count Eberhard im Bart who was raised to First Duke of Württemberg. In 1525, during the Peasants' War, the castle was burned down. The present tower was built 100 years ago, and the hiking lodge by the Schwäbische Alb Association after the Second World War. – The ruins of Reussenstein tower up on top of a steep rockface above Neidlingen. The keep dates from the 14th century and the main castle building from the 15th.

Le château de Teck Reussenstein ▷

Mentionné pour la première fois en 1152, le château de Teck fut la résidence des ducs de Teck jusqu'en 1385. En 1495, le comte Eberhard im Bart qui deviendrait le premier duc de Wurtemberg, reçut le titre et les armoiries du château, incendié lors de la guerre des paysans en 1525. Il y a cent ans, l'association de l'Alb souabe fit ériger l'édifice actuel couronné d'une tour, dont elle fit une auberge pour ses membres après la seconde guerre mondiale. – Les ruines du château de Reussenstein se dressent sur un rocher abrupt au-dessus de Neidlingen. Le donjon date du 14e s. et le corps de bâtiment du 15e s.

Das Randecker Maar bei Bissingen-Ochsenwang ist wohl das bekannteste der Maare des Schwäbischen Vulkans. Der nach Norden zu einem Nebenfluß des Neckars abfließende Zipfelbach hat den nördlichen Rand des Maars angegriffen und durch eine Schlucht geöffnet. Bei Ausgrabungen sind Pflanzen- und Tierreste aus den Ablagerungen des Maarsees geborgen worden. Im Maar zeichnet sich die Grenze zwischen dem wasserstauenden Vulkantuff im Grund und dem umgebenden Kalkstein im Pflanzenbewuchs ab.

The Randecker Maar is probably the most well-known of the volcanic maars in the Schwäbische Alb. The Zipfelbach, the stream which flows away northwards to a tributary of the Neckar, has damaged the northern rim of the maar and opened up a gorge. Excavations have uncovered the remains of plants and animals from the deposits of the lake. The border between the water-resistant volcanic tuff at the base of the lake and the surrounding limestone beneath the plant growth is clearly to be seen.

Le Randecker Maar près de Bissingen-Ochsenwang est sans aucun doute l'ancien cratère volcanique le plus connu du Jura souabe. Le Zipfelbach qui se jette dans un affluent du Neckar a érodé la partie septentrionale du cratère volcanique et y a creusé un ravin. Durant des fouilles, on découvrit des fossiles animaux et végétaux provenant de l'ancien lac volcanique. La végétation révèle l'emplacement du cratère: des prés verdoyants, semés d'arbres, s'étendent sur le tuf volcanique qui retient l'eau, tandis qu'une herbe rare pousse sur le sol calcaire qui entoure les prés.

Die charakteristischen Wacholderheiden der Schwäbischen Alb sind das Ergebnis der jahrhundertelangen Beweidung durch Schafherden, die früher sehr zahlreich waren. Nur der traditionelle Uracher Schäferlauf, der alle zwei Jahre stattfindet, erinnert noch an die einstige Bedeutung der Schäferei. Diese ist stark zurückgegangen, seit der Weltmarktpreis der Wolle so niedrig ist, daß die deutschen Schäfer immer weniger auf ihre Kosten kommen.

The juniper heathland characteristic of the Schwäbische Alb is the result of centuries-long sheep-grazing. Herds were once numerous, but now only the traditional biennial Urach Shepherds' Race reminds us of the former importance of sheep farming. This has been in rapid decline since wool prices on the world market have dropped so low that German shepherds find themselves ever less able to cover their costs.

Les étendues typiques de lande à genévriers de l'Alb souabe sont le résultat du broutage intensif de troupeaux de moutons durant des centaines d'années. La fête des Bergers qui a lieu à Urach tous les deux ans, est l'unique manifestation rappellant l'ancienne importance de l'élevage ovin dans la région. Aujourd'hui, l'élevage des moutons n'est presque plus pratiqué car il n'est plus assez rentable depuis la baisse énorme du prix de la laine sur le marché mondial.

BAD BOLL, Kurhaus u. Wandelhalle

Das seit 1477 bekannte „Wunderbad" Boll, ein Schwefelbad, erfuhr im 17. Jahrhundert einen starken Zulauf. König Wilhelm I. veranlaßte den Umbau (1823-26). Seit 1852 in Privatbesitz, übernahm es 1920 die Herrnhuter Brüdergemeine. Vom Bad unabhängig ist die 1945 gegründete Evangelische Akademie Bad Boll.

Boll's "miracle spring", a sulphure spring discovered in 1477, became very popular in the 17th century. King William I ordered the rebuilding (1823-26). Privately owned from 1852 on, it was taken over by the Moravian Church in 1920. The Protestant Academy of Bad Boll, founded in 1945, is independent of the spa.

Connues depuis 1477, les eaux sulfureuses de Boll attiraient déjà de nombreux curistes au 17e siècle. Les thermes furent reconstruits (1823-26) sur l'initiative du roi Guillaume I. L'établissement, propriété privée en 1852, fut racheté par la «Herrnhuter Brüdergemeine» en 1920.

GEISLINGEN, am Alten Rathaus ▷

„Forellenbrunnen" heißt er offiziell, „Elefantenbrunnen" sagen die Einheimischen zu dem lustigen Brunnen in der Fußgängerzone von Geislingen an der Steige. Ihnen ist der Elefant als Wappentier der Grafen von Helfenstein, der Stadtgründer, wohl vertraut.

Its official name is "Trout Fountain", but the locals call it the "Elephant Fountain", the funny-looking construction in the pedestrian precinct of Geislingen an der Steige. They are of course familiar with the elephant as the heraldic animal of the Counts of Helfenstein, founders of the town.

Son nom officiel est «fontaine des truites». Mais les habitants de Geislingen an der Steige ont surnommé «fontaine de l'éléphant» le bassin ludique qui orne la rue piétonnière de la ville. De fait, l'éléphant était l'animal héraldique des comtes de Helfenstein qui fondèrent la ville vers le milieu du 12e siècle.

HOSEN-KÖNI
Vis à Vis

SCHLOSS DONZDORF

Donzdorf war schon früh zwischen den Grafen von Helfenstein und denen von Rechberg aufgeteilt. Nach einer Reihe von Teilungen gelangten die Grafen von Rechberg 1797 in den Besitz des Ganzen. 1810 wurden Ort und Gebiet württembergisch. Das in einem Park liegende stattliche Renaissanceschloß wurde 1568 erbaut.

From very early days, Donzdorf was divided up between the Counts of Helfenstein and the Counts of Rechberg. As a result of further partitions, the Counts of Rechberg acquired the whole in 1797. In 1810 the town and surounding area became part of Württemberg. The splendid Renaissance castle in its park was built in 1568.

Donzdorf que se partagèrent longtemps les comtes de Helfenstein et de Rechberg revint entièrement à ces derniers en 1797 et fut annexée au Wurtemberg en 1810. Le château Renaissance qui se dresse dans le parc de la ville, date de 1568.

RUINE SCHARFENSCHLOSS

Die Grafen von Rechberg hatten von 1300 bis 1568 das Scharfenschloß, südlich von Donzdorf, als Residenz in Besitz. Es war bis 1840 bewohnt.

From 1300 - 1568, Scharfen Castle south of Donzdorf was the family seat of the Counts of Rechberg. It was inhabited till 1840.

Erigé vers 1300 au sud de Donzdorf, le Scharfenschloss fut la résidence des comtes de Rechberg jusqu'en 1568. Le château, aujourd'hui en ruine, fut habité jusqu'en 1840.

Die „Spielburg" am Hohenstaufen ist der Rest eines Bergsturzes. Sie besteht aus Weißjuraschichten, wie sie einst auch den Gipfel des Hohenstaufen bedeckt haben. 1079 belehnte Kaiser Heinrich IV. seinen Schwiegersohn Friedrich von Büren mit dem Herzogtum Schwaben. Friedrich baute die Burg Staufen und benannte sich und sein Geschlecht nach ihr. Nach dem Aussterben der Staufer nahm 1288 König Rudolf von Habsburg die Burg Staufen als Reichsgut in Besitz. Ab 1319 war sie württembergisch. Im Bauernkrieg wurde die Burg 1525 niedergebrannt.

The Spielburg at the Hohenstaufen is the remains of a rockfall. It is made up of strata of White Jura, such as used to cover the top of the Hohenstaufen. In 1079 Emperor Heinrich IV made a loan of the duchy of Swabia to his son-in-law Friedrich von Büren. Friedrich built Hohenstaufen Castle and called himself and his lineage after it. When the Hohenstaufen line became extinct, King Rudolf of Habsburg took over the castle as imperial property. In 1319 it passed into the hands of Württemberg. The castle was burnt down in the Peasants' War in 1525.

La «Spielburg» au Hohenstaufen provient de l'écroulement d'un pan de la montagne. Le rocher est formé des mêmes couches de calcaire jurassique qui recouvraient le sommet de Hohenstaufen. En 1079, l'empereur Henri IV offrit le duché de Souabe à son beau-fils, Friedrich von Büren. Celui-ci érigea le château de Staufen dont il prit le nom. Après la disparition de la lignée des Staufen en 1288, le château revint au roi Rodolphe Ier de Habsbourg, puis au Wurtemberg en 1319. Il fut incendié en 1525 durant la guerre des paysans.

GÖPPINGEN, Stadtschloß

Eine allgemein zugängliche Sehenswürdigkeit des Göppinger Schlosses (1552-68) ist die „Rebenstiege“, eine freitragende Wendeltreppe. Steine der Ruine Staufen ließ Herzog Christoph beim Bau des Göppinger Schlosses verwenden.

GÖPPINGEN, Town Castle

A special attraction in Göppingen Castle (1552-68) that is open to the public is the "Rebenstiege", a self-supporting spiral staircase. Duke Christoph had stones from the ruins of Hohenstaufen Castle used for the construction of Göppingen Castle.

Château de Göppingen

Des pierres provenant des ruines furent utilisées pour la construction du château de Göppingen, érigé entre 1552 et 1568, sous le règne du duc Christophe. Il renferme un admirable escalier en colimaçon appelé «Rebenstiege».

KLOSTER LORCH

In Lorch an der Rems, wo obergermanischer und rätischer Limes zusammentrafen, ist auf dem Gelände eines römischen Kastells um das Jahr 1000 eine Marienkirche nachgewiesen. Unweit davon errichtete Herzog Friedrich I. von Schwaben 1102 ein Benediktinerkloster, das er zur Grablege der Staufer bestimmte. Nur Königin Irene wurde dort bestattet.

LORCH MONASTERY

In Lorch an der Rems, where the Upper Germanic and Rhaetian limes met, a church of St. Mary was built about the year 1000 on the site of a Roman fort. In 1102, Duke Frederick I of Swabia had a Benedictine monastery built not far away and made it the burial place of the Hohenstaufen line. But only Queen Irene was in fact buried there.

ABBAYE DE LORCH

A Lorch an der Rems où passait le «Limes», la ligne de démarcation romaine, une église, disparue depuis, fut construite vers l'an mille sur l'emplacement d'un castel romain. En 1102, Le duc Frédéric Ier de Souabe fit ériger une abbaye de Bénédictins à proximité. Son église était destinée à renfermer les tombeaux de la lignée des Staufen, mais seule la reine Irène y est enterrée.

Blick auf den Hohenstaufen von Osten. Staufen, Stuifen und Rechberg bezeichnet der Volksmund als die drei „Kaiserberge". Aber nur auf dem Staufen stand eine Kaiserburg. Auf dem Stuifen gab es nie eine Burg. Die auf einem Bergsporn des Rechbergs erbaute Burg brannte im Winter 1865 nach einem Blitzschlag nieder. – Die Wallfahrt zu einem Marienbild auf dem Rechberg gibt es seit dem 15. Jahrhundert. Die heutige Wallfahrtskirche St.Maria stammt aus dem ausgehenden 17. Jahrhundert.

View of Hohenstaufen from the east. Staufen, Stuifen and Rechberg are popularly referred to as the three "Emperor Mountains". But an imperial castle only ever stood on the Staufen. There was never a castle on the Stuifen. The castle built on a spur of the Rechberg burned down in the winter of 1865 after being struck by lightning. – There have been pilgrimages to an image of the Virgin Mary on the Rechberg since the 15th century. The present pilgrimage church of St. Mary dates from the end of the 17th century.

Vue sur le Hohenstaufen depuis l'est. Hohenstaufen, Stuifen et Rechberg sont appelés les trois «montagnes impériales» dans la langue populaire. Cependant, seul le Hohenstaufen était couronné d'un château impérial. Aucun édifice ne fut jamais construit sur le Stuifen. Le château qui se dressait sur un éperon rocheux du Rechberg fut frappé par la foudre et brûla en 1865. – Déjà au 15e siècle, le Rechberg était un lieu de pèlerinage où l'on venait adorer la madone. L'église de pèlerinage Sainte-Marie qui se dresse sur la montagne, date de la fin du 17e siècle.

Die ehemalige Reichsstadt Schwäbisch Gmünd, eine Gründung der Staufer, hat dem Kunstfreund vieles zu bieten. Das Bild zeigt den Marktplatz mit der frühromanischen Pfeilerbasilika St. Johannis (vor 1200). Das Kirchenschiff besitzt eine flache Balkendecke. Der Turm ist frühgotisch. – Auf dem Wanderweg vom Franz-Keller-Haus auf dem „Kalten Feld" nach Winzingen trifft man auf die St. Leonhardskapelle, besser bekannt als „Reiterleskapelle". Sie trägt diesen Namen nach der Bauernfamilie Reiter vom nahegelegenen Tannweiler, die sie 1717 gestiftet hat.

The former imperial town of Schwäbisch Gmünd, founded by the Hohenstaufen, has much to offer the connoisseur of art. The picture shows the market square with its early Romanesque basilica, the Church of St. John dating back to before 1200. It has a flat ceiling. The tower is Early Gothic. – On the hiking trail from the Franz-Keller building on the "Cold Field" to Winzingen, you come across the Chapel of St. Leonard, better known as the "Reiterleskapelle". It owes this name to the Reiter farming family who built the chapel in 1717.

Schwäbisch Gmünd, fondée par les Staufen et ancienne ville libre impériale a beaucoup à offrir aux amateurs d'art. La photographie montre la place du marché dominée par la basilique Saint-Jean. L'édifice de style roman, construit vers 1200, possède une tour gothique primaire. – En empruntant le chemin de randonnée qui mène de la maison «Franz-Keller-Haus» au lieu-dit «Kalten Feld» à Winzingen, on passe devant la chapelle Saint-Léonard, plus couramment appelée chapelle «Reiter», d'après le nom d'une famille de paysans du village voisin qui la fit ériger en 1717.

Fränkische Edle gründeten schon 764 ein Benediktinerkloster in Ellwangen. Die 1233 geweihte Stiftskirche wird als die bedeutendste unter den romanischen Gewölbebauten des Landes gerühmt. 1460 wurde die Abtei in ein Chorherrenstift unter einem Fürstprobst umgewandelt. Die barocke Wallfahrtskirche auf dem Schönenberg entstand 1682-86. Aus der 1266 erwähnten Burg wurde 1608 ein Renaissanceschloß. Nach der Übernahme durch Württemberg 1802/03 war Ellwangen kurze Zeit Sitz der Regierung für die (katholischen) neuwürttembergischen Lande.

Franconian noblemen established a Benedictine monastery in Ellwangen as early as 764. The collegiate church, consecrated in 1233, is extolled as the most important Romanesque vaulted building in the state. In 1460 the abbey became a canonical foundation governed by a prince-provost. The baroque pilgrimage church on the Schönenberg was built between 1682 and 1686. The Renaissance castle, on the site of an older one first mentioned in 1266, dates back to 1608. In 1802/3, Ellwangen was, for a short time, the seat of government for the incorporated areas.

Des seigneurs francs fondèrent un monastère de Bénédictins à Ellwangen dès 764. L'église collégiale, consacrée en 1233, est considérée comme l'édifice religieux le plus important de la région. L'église de pèlerinage baroque qui se dresse sur le Schönenberg date de 1682-86. Un château fort, mentionné pour la première fois en 1266, fut transformé en château Renaissance en 1608. Lorsque de nombreuses communes catholiques revinrent au Wurtemberg protestant en 1802/03, Ellwangen devint pour quelques années le siège du «Wurtemberg catholique».

In Aalen kündet das Limesmuseum von der römischen Vergangenheit. Die um 1240 gegründete Stadt wurde 1360 Reichsstadt. Schon in dieser Zeit wurde Eisenerz verhüttet. Im Stadtteil Wasseralfingen gibt ein Museum Einblick in die Eisenindustrie. Mit einer Grubenbahn kann man in den „Tiefen Stollen" einfahren. In einem der Stollen sind Asthmatherapien möglich. Der Gesundheit dienen auch die „Limesthermen". – Lauchheim kam in der 2. Hälfte des 14. Jh. an den Deutschen Orden und erhielt 1431 Stadtrechte. Der Orden baute die Kapfenburg aus.

The Limes Museum in Aalen is evidence of the Roman past. The town, founded in 1240, became an imperial town in 1360. Iron ore was smelted here as long ago as that. In Wasseralfingen there is a museum about the iron industry. Visitors can go down the "Deep Adit" in a pit railway. Asthma treatments are available in one of the adits. The "Limesthermen" are also devoted to our healthcare. – Lauchheim fell under the rule of the Teutonic Order in the second half of the 14th century and was granted charters in 1431. The Order also built the Kapfenburg.

Le musée du Limes à Aalen rappelle le passé romain de la région. Fondée en 1240, la cité devint ville libre impériale en 1360. Une mine de fer était déjà en exploitation à cette époque. Un musée situé dans le quartier de Wasseralfingen est consacré à l'industrie du fer. Les galeries de la mine se visitent à bord d'un petit train. – Lauchheim fut attribuée à l'Ordre Teutonique dans la deuxième moitié du 14e siècle et reçut son droit de ville en 1431. L'Ordre Teutonique a également fait ériger le château de Kapfenburg.

Die „Königin des Härtsfelds" wird das Kloster St.Ulrich und Afra zu Neresheim genannt. Es wurde 1095 gegründet, 1803 säkularisiert und kam 1810 an Württemberg. Seit 1920 ist es von Benediktinermönchen neu besiedelt. Die Abteikirche wurde 1745 bis 1792 nach Plänen Balthasar Neumanns errichtet, die nach seinem Tod nicht alle ausgeführt wurden. Trotzdem lautet das Urteil der Kunsthistoriker: „Die Barockarchitektur nicht nur Deutschlands, sondern auch Europas, hat weniges, was sich mit Neresheim messen kann."

The monastery of St. Ulrich and Afra in Neresheim is called the "Queen of the Härtsfeld". It was founded in 1095, secularized in 1803 and became part of Württemberg in 1810. In 1920 it was re-settled by Benedictine monks. The abbey church was built between 1745 and 1792 according to plans by Balthasar Neumann, not all of which, however, were actually carried out after his death. Nevertheless art historians concur in this statement: Baroque architecture not only in Germany, but in the whole of Europe, has little that can match Neresheim.

L'abbaye Saint-Ulrich et Afra à Neresheim est appelée la «reine du Härtsfeld». Fondée en 1095, elle fut sécularisée en 1803 et revint au Wurtemberg en 1810. Des moines bénédictins y habitent depuis 1920. L'église abbatiale fut bâtie de 1745 à 1792 sur des plans de Balthasar Newmann qui ne furent cependant pas tous réalisés après la mort du célèbre maître d'œuvre. Néanmoins, les historiens d'art jugent que l'architecture baroque de l'Europe toute entière compte peu d'édifices capables de se mesurer avec l'église de Neresheim.

Das Gebiet um Bopfingen war seit der Bronzezeit besiedelt, der kegelförmige „Ipf“ sogar schon in der Jungsteinzeit. Als Teil des römischen Alblimes ist beim nahen Oberdorf ein Erdkastell nachgewiesen worden. Schon 1188 wird die Stadt Bopfingen als staufisches Gut erwähnt, 1242 als Reichsstadt. Dies alles spricht für die Bedeutung des Platzes als Verkehrsknotenpunkt. Von der ehemaligen Stadtbefestigung ist fast nichts erhalten, dagegen bewahrte der Stadtkern ein anheimelndes geschlossenes Bild der kleinen Reichsstadt.

The area round Bopfingen was settled as long ago as the Bronze Age, the cone-shaped Ipf even earlier, in the Stone Age. Remains of a Roman earthern fort have been found near Oberdorf, part of the Roman Alb limes. The town of Bopfingen was mentioned as a Hohenstaufen estate as early as 1188, as an imperial town in 1242. All this underlines the town's importance as a transport hub. Little of the former fortifications have been preserved of the little imperial town. In 1803 it was ceded to Bavaria, in 1810 to Württemberg.

Les environs de Bopfingen étaient déjà habités à l'âge du bronze et des traces humaines, datant de l'âge de la pierre, ont été retrouvées sur la montagne. La commune voisine d'Oberdorf abritait un castel romain qui faisait partie du Limes. Bopfingen, mentionnée dès 1188 comme appartenant aux Staufen, devint ville libre impériale en 1242. La ville qui était jadis un nœud de communications important, n'a presque rien conservé des fortifications qui l'entouraient. Par contre, son centre pittoresque offre l'image typique d'une ancienne petite ville d'Empire.

Hoch über der Stadt Heidenheim an der Brenz ragt Schloß Hellenstein auf, mit Museen und einem Naturtheater in der Nähe. Die Römer bauten einst an dem Albübergang, den die Flüsse Kocher und Brenz gebildet hatten, ein Kastell des Alblimes (Römerbadmuseum). Die Stadt (1335) fiel 1504 an Württemberg. Heidenheim, Sitz weltbekannter Firmen, zählte schon im 18. Jahrhundert zu den gewerbereichsten Städten des Landes. – Das „Felsenmeer" im Wental bei Steinheim am Albuch ist ein beliebtes Ausflugsziel.

Hellenstein Castle towers up high above the town of Heidenheim an der Brenz (museums, nearby open-air theatre). In Roman times one of the Alb limes forts (Roman baths museum) was built at the Alb crossing point formed by the River Kocher and the River Brenz. The town (founded 1335) was ceded to Württemberg in 1504. Heidenheim, home to world-famous companies, was one of the busiest trading centres of the land as early as the 18th century. - The "Sea of Rocks" in the Wen valley near Steinheim am Albuch is very popular with day-trippers.

Le château de Hellenstein domine la ville de Heidenheim an der Brenz (musées, à proximité le théâtre de la Nature). Les Romains érigèrent un castel au confluent des rivières Kocher et Brenz qui formaient une partie du Limes souabe (musée des bains romains). Ville depuis 1335, Heidenheim revint au Wurtemberg en 1504. Le théâtre de la nature se dresse à proximité. – Près de Steinheim am Albuch, le «Felsenmeer» (mer de rochers) dans la vallée de la Wental, est un lieu d'excursion très fréquenté.

Das auf der Ostalb gelegene Lonetal ist durch archäologische Ausgrabungen seit 1861 weltweit bekannt geworden. In der „Bärenhöhle" fand man außer Höhlenbären auch Steinwerkzeuge von Menschen, die der Ausgräber einer späteren Zeit zuordnete. Fünf Jahre danach erkannte er seinen Irrtum: Die Bären waren die Jagdbeute der Menschen gewesen. Diese Erkenntnis war eine „Sternstunde" für die Urgeschichtsforschung! Aus der Vogelherdhöhle und aus dem „Stadel" stammen aus Mammutelfenbein geschnitzte Figuren, etwa 25-30.000 Jahre alt.

The Lone valley on the eastern side of the Alb has become world-famous as a result of excavations that started in 1861. In the "Bears' Cave", the excavator found the remains of cave bears, but also stone tools used by humans; these, he decided, belonged to a later period. Five years later, he realized his mistake: the bears were the kill the humans had brought back from their hunting expeditions. This discovery was a historic moment for research into prehistory. 25000 - 30000 year-old figures carved out of mammoth ivory were found in the Vogelherdhöhle.

Des fouilles, effectuées en 1861, ont apporté la célébrité à la vallée de Lonetal, située dans l'est du Jura souabe. La grotte de «Bärenhöhle» renfermait une multitude d'os d'ours et d'outils en pierre que les archéologues datèrent à une époque plus tardive. Cinq ans plus tard, d'autres fouilles révélèrent leur erreur: les ours avaient été le butin des hommes qui habitaient la grotte. Dans la «Vogelherdhöhle», on trouva des statuettes âgées de 25000 - 30000 ans, sculptées dans des defenses de mamouths.

ELFENBEIN-SCHNITZEREIEN ▲ Löwe

▲ Mammut ▼ Fellnashorn

▲ Eingang der Vogelherdhöhe ▼ Wildpferd Löwenmensch aus der Bärenhöhle ▶

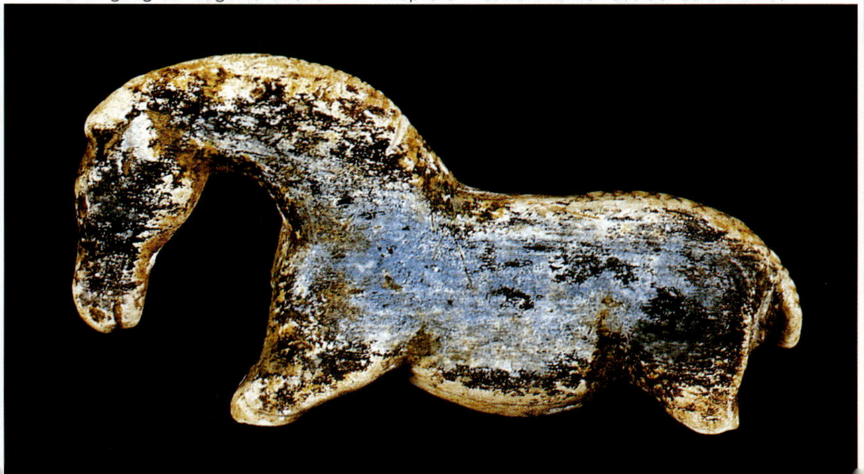

Als 1893 drei beherzte Männer ins „Hundsloch" bei Hürben einstiegen, stießen sie auf eine 580 Meter lange Tropfsteinhöhle. Sie wurde umgehend zur Schauhöhle ausgebaut und elektrisch beleuchtet. Ihren Namen „Charlottenhöhle" erhielt sie nach der württembergischen Königin.

When three men boldly climbed into the "Dog Hole" in 1893, they found a 580-metre long stalactite cavern. It was immediately opened to the public and lit with electric light. It was called the Charlotte Cavern after Württemberg's Queen Charlotte.

Une grotte à stalagmites, longue de 580 mètres, fut découverte en 1893 par trois curieux qui s'étaient aventurés dans le «Hundsloch» (le trou du chien). Elle fut très vite aménagée pour les visiteurs, éclairée à l'électricité et baptisée «Charlottenhöhle» d'après le prénom de la reine du Wurtemberg.

„Ulmer Geld regiert die Welt" hieß es in der Blütezeit der Reichsstadt Ulm im Hochmittelalter. Nach Nürnberg besaß sie bis zum Beginn des 19. Jh. das zweitgrößte Reichsstadtterritorium. Das Ulmer Münster als Bürgerkirche legt davon Zeugnis ab. 10.000 Bürger begannen 1377 den Bau für 30.000 Menschen. Er konnte jedoch erst 1890 vollendet werden und bekam mit dem 161 Meter hohen Kirchturm den höchsten der Welt. – Ebenfalls repräsentativ ist das Rathaus von 1419/1539.

"Ulm's money rules the world" it was said in Ulm's heyday as an imperial city in the High Middle Ages. At the beginning of the 19th century it possessed the second largest area of imperial territory after Nuremberg. Ulm Cathedral, a citizens' church, bears witness to this fact. However, it was 1890, after an interruption of building work for more than 300 years, before the 161-metre tall church tower, the tallest in the world, and thus the church was finally completed. – More modest, but nonetheless imposing, is the town hall of 1419/1539.

«L'argent d' Ulm régit le monde», disait-on à l'apogée de la ville, durant le haut moyen-âge. Jusqu'au début du 19e siècle, Ulm fut la première ville libre impériale de la région, derrière Nuremberg. Sa cathédrale est la plus grande église gothique d'Allemagne après celle de Cologne. Elle resta inachevée pendant plus de trois siècles et ne fut terminée qu'en 1890, selon le plan primitif. Haute de 161 mètres, sa tour est le plus haut clocher du monde. – L'hôtel de ville magnifique construit entre 1419 et 1539, rappelle également la prospérité de la ville au haut Moyen-Age.

Die Blautopfquelle bei Blaubeuren gab 1085 Anlaß zur Gründung des Klosters Blaubeuren. Des schwäbischen Dichters Eduard Mörikes Fabel von der „Schönen Lau", einer Nixe, und die Erforschung der Blautopfquellhöhle auf 1250 Meter Länge in den letzten Jahrzehnten stießen auf großes Interesse. – Auf der Suche nach dem Dolomitsand, den er gegraben hatte und der über Nacht verschwunden war, stieß 1892 ein Sandgräber auf die Laichinger Tiefenhöhle (80m). Sie ist die einzige zur Schauhöhle ausgebaute Schachthöhle Deutschlands.

The Blautopf Spring near Blaubeuren was the reason for the foundation of Blaubeuren monastery. The fable of the nymph, the "Schöne Lau", by the Swabian poet Eduard Mörike, and the exploration of the Blautopf spring cave up to a length of 1250 metres have rekindled interest over the last few decades. – In 1892 while searching for the dolomite sand which he had dug up and which had disappeared overnight, a sand digger discovered the Laichinger Cave (80 metres deep). It is the only shaft cave accessible to the public in Germany.

La Source dite Blautopf près de Blaubeuren fut à l'origine de la construction du couvent de Blaubeuren en 1085. Ses eaux d'un bleu intense, ses profondeurs «inconnues» (en réalité 1250 m) dans lesquelles le poète Eduard Mörike fait vivre une sirène, ont été l'objet de recherches captivantes au cours des dernières décennies. – En cherchant le sable dolomitique qu'il avait ramassé et qui avait disparu pendant la nuit, un prospecteur découvrit en 1892 la grotte de Laichingen d'une profondeur de 80 mètres; elle est aménagée pour le public.

HÖHLE „Hohler Fels" Obermarchtal

Erste Kunde von einer Höhle im Achtal bei Schelklingen brachte zu Anfang des 19. Jh. ein Töpfer, der darin Lehm gegraben hatte. Danach fanden 1870 im „Hohlen Felsen" Ausgrabungen statt. Sie ergaben die große Bedeutung der Höhle für die Urgeschichte. Ein überraschender Fund kam 1998 ans Tageslicht: ein handrückengroßer Kalkstein mit aufgereihten roten Punkten bemalt. Er ist etwa 13.000 Jahre alt und vielleicht die älteste Malerei in Süddeutschland. – Malerische Partie an der Donau mit dem Kirchlein von Neuburg bei Obermarchtal.

Hohler Fels Cavern Obermarchtal

First news of a cave in the Ach valley near Schelklingen was brought by a potter at the beginning of the 19th century who had dug clay there. After this, there were first excavations in 1870 in "Hollow Rock", which revealed its great significence for research into pre-history. In 1998 there was a surprising discovery: a limestone great as a back of a hand with red points. It is nearly 13,000 years old and maybe the oldest painting in the south of Germany. – Picturesque view of the Danube and the little church in the hamlet of Neuburg near Obermarchtal.

Grotte «Hohler Fels» Obermarchtal

La grotte «Hohlen Felsen» dans la vallée de Achtal près de Schelklingen, est mentionnée pour la première fois au début du 19e siècle, après qu'un potier y ait trouvé de l'argile. Cela entraîna de premières fouilles en 1870 qui révélèrent l'importance de cette grotte pour la préhistoire. En 1998 on trouvait un calcaire grand comme le dos de la main avec des points rouges. Il a environs 13.000 ans et présente peut-être la peinture la plus ancienne dans le Sud de l'Allemagne. – La petite église du hameau de Neuburg dans la vallée d'Obermarchtal surplombe une rive romantique du Danube.

In herrlicher Umgebung im „Kirchener Tal" errichtete das nahe Kloster Zwiefalten schon im 13. Jahrhundert die Propstei Mochental. In der Barockzeit entstand der Bau, wie wir ihn heute vor uns sehen. Er beherbergt seit einigen Jahren verschiedene Museen. – Oberhalb der Ortschaft Bichishausen liegen die gleichnamige Burgruine und die Ruine Wartstein. Die Ruine Derneck wurde vom Schwäbischen Albverein zum Wanderheim ausgebaut. Die Ruine Niedergundelfingen ist restauriert worden und ist bewohnt.

As early as the 13th century, Zwiefalten monastery built the provostric Mochental close by in the beautiful surroundings of the Kirchener Tal. The building as we know it today dates from the baroque period. For some years now it has housed various museums. – Just outside Bichishausen is the ruined castle of the same name and the ruins of Wartstein.The ruins of Derneck castle were rebuilt as a hiking lodge by the Schwäbische Alb Association. The ruins of Niedergundelfingen Castle have been restored and it is now inhabited.

Au 13e siècle, l'abbaye de Zwiefalten fit ériger le prieuré de Mochental dans la nature splendide de la vallée dite «Kirchener Tal». L'édifice actuel date de l'époque baroque et abrite aujourd'hui différents musées. - Il ne reste que quelques vestiges recouverts de végétation du Bichishausen qui se dressait au-dessus du village du même nom, à une courbe de la vallée de la Lauter. Le château en ruine de Derneck fut reconstruit en tant que refuge par l'association de l'Alb souabe. L'ancienne ruine de Niedergundelfingen a été restaurée et est aujourd'hui habitée.

Im Tal der Lauter säumen von der Quelle beim Gestüt Offenhausen bis zur Mündung in die Donau unterhalb von Lauterach beiderseits malerische Felsen wie der „Spitzige Stein" und eine Reihe von Ruinen das Tal. Als Wanderer, Rad- oder Kanufahrer kann man die Schönheiten der Natur genießen, vor allem im unteren Teil des Tals, das ab Anhausen für den Kraftverkehr gesperrt ist.

Picturesque rocky outcrops like the "Spitzige Stein" and a series of ruins line the Lauter valley on both sides from the river's source near Offenhausen stud to where it flows into the Danube beyond Lauterach. The beauty of the valley can be enjoyed by hikers, cyclists and canoeists, especially in the lower part of the valley which is closed to traffic beyond Anhausen.

Les rives de la Lauter, depuis sa source près du haras d'Offenhausen jusqu'à son embouchure sous Lauterach, sont parsemées de ruines et de rochers aux formes bizarres. A pied, à bicyclette ou en canoë, les visiteurs découvriront les beautés de la vallée de la Lauter, notamment dans sa partie inférieure interdite aux automobiles à partir de Anhausen.

Das Benediktinerkloster Zwiefalten, 1089 gegründet, zeichnete sich bis zu seiner Angliederung an Württemberg 1802 durch die Disziplin seiner Mönche, ihre wissenschaftliche und künstlerische Tätigkeit und eine wohlgeordneten Wirtschaftsführung aus. Es besaß 26 Dörfer und zahlreiche Güter, verstreut über die ganze Schwäbische Alb. Deshalb bemühten sich die Grafen von Württemberg als Vögte, seit 1365 den Klosterbesitz zu übernehmen. Der barocke Neubau des Klosters und der Kirche wird als hervorragende Leistung allgemein anerkannt.

The Benedictine monastery of Zwiefalten, founded in 1089, was notable up to the time of its incorporation into Württemberg in 1802 for the discipline of its monks, their scientific and artistic activities and the orderly management of the estate. It included 26 villages and countless farmsteads scattered all over the Schwäbische Alb. This was why the Counts of Württemberg had tried from as early on as 1365 to take over the monastery properties as bailiffs and governors. The monastery and church, rebuilt in the baroque style, are considered a fine achievement.

Jusqu'à son annexion au Wurtemberg en 1802, l'abbaye bénédictine de Zwiefalten, fondée en 1089, était réputé pour les travaux scientifiques et artistiques de ses moines, et une grande prospérité économique due à une gestion remarquable. Elle possédait 26 villages et de nombreux domaines répartis dans tout le Jura souabe. C'est pourquoi les comtes de Wurtemberg, seigneurs de la région, tentèrent dès 1365, de s'approprier le monastère. Les bâtiments conventuels et l'église construite en style baroque sont remarquables.

Von der Höhe über dem Donautal bei Riedlingen grüßt in Neufra ein stattliches Renaissanceschloß neben einer spätgotischen Pfarrkirche, in der sehenswerte Grabdenkmäler der früheren Ortsherren zu besichtigen sind Nach den Herren von Hornstein waren dies die Freiherren von Gundelfingen und ab 1546 die Grafen von Helfenstein. Sie waren die Herren über ein kleines Gebiet, zu dem auch die Stadt Hayingen zählte. Einmalig sind die „hängenden Gärten" über gemauerten Bögen, ein seltenes Zeugnis der Gartenkunst der Renaissance.

Neufra high above the Danube valley near Riedlingen boasts a splendid Renaissance castle and a Late-Gothic parish church, in which the impressive tombs of the former lords can be admired. These were the Barons of Gundelfingen after the Lords of Hornstein, then from 1546 on the Counts of Helfenstein. They ruled over a small region including the town of Hayingen. The "Hanging Gardens" on top of masonry arches are unique, an unusual example of Renaissance garden art.

Surplombant le Danube près de Riedlingen, Neufra possède un très beau château Renaissance et une église paroissiale de style gothique tardif qui renferme d'intéressants tombeaux des anciens seigneurs de l'endroit. Ils furent d'abord les chevaliers de Hornstein, les barons de Gundelfingen, puis les comtes de Helfenstein à partir de 1546. Leurs possessions incluaient également la ville de Hayingen. De très beaux jardins en terrasses s'étendent devant le château. Ils sont un exemple remarquable de l'art paysager de la Renaissance.

Das majestätisch auf steilem Felsen über der Donau aufragende Schloß Sigmaringen ging aus einer Burg des 11. Jh. hervor. Im 16. Jh. gelangte Sigmaringen in den Besitz des Hauses Hohenzollern, das sich kurz danach in die drei im 17. Jh. gefürsteten Linien Sigmaringen, Hechingen und Haigerloch teilte. Schloß und Stadt Sigmaringen wurden zur Barockresidenz ausgebaut. Dank der Freundschaft der Fürstin Amalie Zephyrine mit Josephine Beauharnais, der ersten Gemahlin Napoleons, blieb den Fürstentümern Sigmaringen und Hechingen 1806 die volle Souveränität erhalten.

Sigmaringen Castle, towering up majestically on a steep rockface above the Danube, stands on the site of an 11th century fortified castle. In the 16th century Sigmaringen came under the control of the House of Hohenzollern, which shortly afterwards divided itself into the three separate lineages of Sigmaringen, Hechingen and Haigerloch, all three of which were raised to the rank of a principality in the 17th century. The castle and town of Sigmaringen expanded and became a baroque seat of court.

Perché sur un piton rocheux, le château de Sigmaringen se dresse dans toute sa majesté au-dessus du Danube. Ses origines remontent au 11e siècle. Il devint la possession de la maison Hohenzollern au 16e siècle qui se sépara en trois branches princières au 17e siècle: Sigmaringen, Hechingen et Haigerloch. Grâce à l'amitié entre la princesse Amalie Zephyrine et Joséphine de Beauharnais, la première épouse de Napoléon, les principautés de Sigmaringen et de Hechingen purent conserver leur souveraineté.

Das tief in die Albtafel eingeschnittene obere Donautal, das als „Naturpark Obere Donau" unter Schutz gestellt worden ist, bietet Wanderern und Radfahrern Gelegenheit zum Erleben der Natur. Die Burg Werenwag und die aus den Wäldern ragenden Felsmassive sind beliebte Motive für Fotografen. Im Rabenfelsen sind einzelne Felspartien für den Klettersport freigegeben.

The upper Danube valley has cut its way deep down into the Alb strata and is now protected as the Upper Danube Nature Reserve. Hikers and cyclists have lots of opportunity to explore the countryside. Werenwag Castle and the rock formations jutting up above the forests are motifs popular with photographers. Parts of the Rabenfelsen can be used for rock-climbing.

La vallée profondément encaissée du Danube supérieur est devenue un site protégé appelé «parc naturel du Danube supérieur» et offre de magnifiques randonnées à pied ou à bicyclette. Le château de Werenwag et les immenses rochers émergeant des forêts, sont des motifs favoris des photographes. L'escalade se pratique sur quelques parois rocheuses comme au Rabenfelsen.

Als eine Perle des oberen Donautals zeigt sich das Kloster Beuron dem Betrachter (Seite 78). Über sieben Jahrhunderte war es Augustiner-Chorherrenstift bis zur Säkularisierung 1803. Fürstin Katharina von Hohenzollern überließ die leerstehenden Gebäude 1863 den Benediktinern. Sie mußten 1875 im preußischen Kulturkampf weichen und konnten erst 1887 zurückkehren. Weltweit machten sie sich einen Namen durch die Beuroner Kunstschule und ihre wissenschaftlichen Forschungen.

Beuron monastery (page 78) is one of the jewels of the upper Danube valley. Before its dissolution in 1803, it had been an Augustinian canonical foundation for over seven centuries. In 1863 Princess Catherine of Hohenzollern donated the unoccupied buildings to the Benedictines. They had to withdraw in the struggle between the church and the Prussian state in 1875, not returning again until 1887. They established a worldwide reputation with the Beuron school of art and its academic research.

L'abbaye de Beuron (p.78) est l'un des édifices les plus remarquables de la vallée du Danube supérieur. Le couvent fondé et occupé par des Augustins durant plus de 700 ans, fut sécularisé en 1803. La princesse Catherine de Hohenzollern offrit les bâtiments vides aux Bénédictins en 1863; mais ils durent quitter les lieux sous la pression prussienne en 1875 et ne les réintégrèrent qu'en 1887. Depuis, les moines de Beuron se sont fait une réputation mondiale grâce à leurs travaux scientifiques et à la célèbre Ecole d'art de Beuron.

Tuttlingen an der Donau ist schon seit der Römerzeit Verkehrsknotenpunkt. Nach häufigem Herrschaftswechsel fiel die im späten 13. Jh. gegründete Stadt vor 1377 an Württemberg. Viele Kriegszüge brachten dem württembergischen Stützpunkt Zerstörungen und Leid. Dem verheerenden Stadtbrand von 1803 fiel die ganze Innenstadt zum Opfer. Beim Wiederaufbau entstand das heutige Stadtbild. Der Schwerpunkt der Tuttlinger Industrie unserer Tage liegt im Bereich der Feinmechanik, der Herstellung chirurgischer Instrumente und der Schuhfabrikation.

Tuttlingen on the Danube has been a transport hub ever since Roman times. Having been controlled by many different rulers, the town, founded in the late 13th century, became part of Württemberg by 1377. Frequent military campaigns brought a great deal of devastation and suffering upon this Württemberg stronghold in the uplands. The whole of the town centre was destroyed by the terrible fire of 1803. The homogenous townscape of today is as it was rebuilt after the fire.

Tuttlingen sur la rive droite du Danube, est un nœud de communications depuis l'époque des Romains. Après avoir changé plusieurs fois de maîtres, la ville fondée à la fin du 13e siècle, revint au Wurtemberg vers 1377. Point stratégique wurtembourgeois, elle subit maints ravages et souffrances au cours de nombreuses guerres. Un incendie anéantit entièrement son centre en 1803. Il fut reconstruit selon un plan régulier qui donna sa physionomie actuelle à la ville. Aujourd'hui, Tuttlingen est une cite industrielle.

Oberhalb von Tuttlingen treten bei Immendingen die ersten Versickerungsstellen im Donaubett auf. Das verschwundene Wasser erscheint im Aachtopf im Hegau wieder. Bei großer Trockenheit kann das Flußbett völlig ausgetrocknet sein. Die letzte Versickerungsstelle im Flußbett liegt in der Donauschleife unterhalb von Fridingen. – Vom fast 1000 Meter hoch aufragenden Dreifaltigkeitsberg mit der barocken Wallfahrtskirche hat man bei klarem Wetter eine einmalige Alpensicht. 300 - 400 Meter tiefer liegt die Stadt Spaichingen.

Upstream from Tuttlingen, near Immendingen, are the first places where there is seepage in the bed of the Danube. The water resurfaces in the Hegau region. In periods of great drought the river bed sometimes dries up completely. The last seepage point is in the river loop downstream from Fridingen. – In clear weather there is a unique view of the Alps from the top of the almost 1000-metre high Holy Trinity Mountain with its baroque pilgrimage church. There is a well-known gliding zone on the part of the mountain known as "Cliff Corner".

C'est en amont de Tuttlingen, près d'Immendingen, que les eaux du Danube se perdent sous terre. Lors des périodes de grande sécheresse, le lit du fleuve s'assèche même entièrement à cet endroit de son parcours. Les derniers points d'infiltration sont situés au niveau du méandre que forme le Danube en aval de Fridingen. – Une église de pèlerinage de style baroque couronne le sommet du Dreifaltigkeitsberg, de près de 1000 mètres de hauteur, duquel on a une vue splendide sur les Alpes par temps clair.

Vom Irrenberg bei Albstadt schaut man weit hinaus ins Albvorland. Aus allen Himmelsrichtungen weither sichtbar ist der vor dem Albtrauf aufragende Bergkegel mit der Burg Hohenzollern. Die erste Burg war 1423 nach einer Fehde von 18 Reichsstädten und der Grafschaft Württemberg zerstört worden. Die anschließend erbaute zweite Burg war immer wieder heiß umkämpft und zerfiel im 18. Jahrhundert.

From the Irrenberg near Albstadt there is a fine view out over the Alb foreland. The cone-shaped mountain with Hohenzollern Castle on top is visible from all directions, towering up in front of the Albtrauf. The first castle was destroyed in 1423 after a feud of 18 imperial towns and the house of Württemberg against the count of Zollern. The second castle, built immediately afterwards, was the site of repeated struggles and fell into decay in the 18th century.

Depuis Irrenberg près d'Albstadt, la plaine qui se déploie devant le Jura souabe offre un vaste panorama. Visible des quatre points cardinaux, le prestigieux château fort de Hohenzollern se dresse sur une butte-témoin, à la lisière du Jura souabe. Le premier château fut détruit en 1423 au cours d'un conflit qui opposa 18 villes libres impériales et le comté de Wurtemberg contre les comtes de Zollern. Le deuxième édifice, sans cesse disputé au cours des siècles, n'était plus qu'une ruine au 18e siècle.

Zum Bau der dritten Burg kam es so: Als Kronprinz besuchte 1809 der spätere preußische König Friedrich Wilhelm IV. aus der brandenburgisch-preußischen Linie der Hohenzollern die Stammburg der Väter, um die sich niemand mehr kümmerte. Er beklagte den traurigen Zustand der Burg und veranlaßte eine teilweise Wiederherstellung. Doch erst nach der Vereinigung der beiden hohenzollerischen Fürstentümer Hechingen und Sigmaringen mit Preußen 1849 wurde der großzügige Neubau jetzt als Schloß im spätklassizistischen Stil der Neugotik ausgeführt.

This is how it came about that a third castle was built: The Prussian King Frederick William IV from the Brandenburg-Prussian line of the Hohenzollerns visited the ancestral seat of his forefathers while he was still Crown Prince and found it in a desolate condition. He lamented the sad state of the castle and had it partly rebuilt. But it was not until after the reunification of the two Hohenzollern principalities of Hechingen and Sigmaringen under Prussian rule in 1849 that the castle was rebuilt, as a splendid edifice in the late-classicistic, neo-Gothic style (1850-67).

Le troisième château doit son existence au roi Frédéric-Guillaume IV de Prusse. Alors prince héritier, le descendant de la ligne brandebourgeoise-prussienne des Hohenzollern, fit une visite en 1809 au berceau de sa famille dont plus personne ne se préoccupait. Horrifié par l'état des lieux, il ordonna la reconstruction du château. Mais ce n'est qu'après la réunion en 1849 des deux principautés Hechingen et Sigmaringen avec la Prusse, que fut érigé de 1850 à 1867, l'admirable édifice de style néogothique que l'on peut admirer aujourd'hui.

Verwaltungsmittelpunkt der Grafschaft Zollern war seit dem 13. Jahrhundert die Stadt Hechingen. Sie hatte ihre Blütezeit im 16. Jahrhundert. Das damals erbaute stattliche Renaissanceschloß wurde 1814 abgebrochen. Aus der späten Renaissancezeit blieb jedoch das ehemalige Franziskanerkloster St. Luzen erhalten, das als Bollwerk der Gegenreformation gedacht war. Sehenswert sind auch die klassizistische Stadtkirche St. Jakob und die Villa Eugenia. Im Stadtteil Stein wurde vor wenigen Jahren eine Römervilla ausgegraben und teilweise rekonstruiert.

The town of Hechingen was the administrative centre of the County of Zollern from the 13th century on. It had its heyday in the 16th century. The splendid Renaissance castle built in that period was torn down in 1814. The former Franciscan monastery of St. Luzen, however, originally conceived as a bulwark of the counter-Reformation, has been preserved from the period of the late Renaissance. The classicistic parish church of St. James and the Villa Eugenia are also well-worth seeing. A Roman villa was discovered during excavations and partially reconstructed.

Hechingen était déjà au 13e siècle le centre administratif du comté de Zollern. La ville connut son apogée au 16e siècle, mais le château Renaissance, construit à cette époque, fut détruit en 1814. La ville a néanmoins conservé l'ancien monastère des Franciscains Saint-Luzen de style Renaissance tardif, qui était un haut-lieu de la contre-réforme. A voir également sont l'église paroissiale Saint-Jacob, de style néo-classique et la villa Eugenia. Récemment, des fouilles dans le quartier de Stein ont mis au jour une villa romaine qui a été en partie restaurée.

Ammoniten sind Weichtiere mit spiralig aufgerollter Röhre. Sie sind mit dem heute noch im Indischen Ozean lebenden Nautilus verwandt. Der Jura wird in drei Stufen eingeteilt. Deren deutsche Benennung geht von der vorwiegenden Farbe des Gesteins aus: auf den Schwarzen Jura folgen der Braune und der Weiße Jura. Die internationalen Bezeichnungen hierfür lauten Lias, Dogger und Malm. Im Bereich der Schwäbischen Alb beträgt die Mächtigkeit der Stufen im Durchschnitt 80, 240 und 400 Meter. Die fruchtbare, landwirtschaftlich genutzte Fläche des Albvorlands wird vom Schwarzen Jura gebildet. Wiesen und Wälder bedecken den Fuß des Albanstiegs auf den Schichten des Braunen Juras. Der Steilanstieg des „Albtraufs" besteht aus den Schichten des Weißen Juras. Seine weißen Kalkfelsen leuchten aus dem Grün der Wälder ins Land hinaus. Ursprünglich war für die Benennung der Schichten innerhalb der Stufen nur auf das Aussehen der Gesteine geachtet worden. Schließlich erkannten die Geologen, daß bestimmte Fossilien oft nur in einer einzigen Schicht vorkamen. Diese „Leitfossilien" boten sich für eine exakte Bezeichnung gleichaltriger Schichten an. Der Ammonites Perisphinctes ist ein solches „Leitfossil".

Mit diesem Bildband „Entdeckungsreise durch die Schwäbische Alb" soll dem Leser und dem Betrachter der Bilder ein erster Eindruck von der Schönheit und dem Reiz dieser Landschaft vermittelt werden. Das als Wander- und Urlaubsgebiet geschätzte Mittelgebirge soll zu einem Besuch einladen und das Interesse an der Natur, der Vor- und Frühgeschichte, an der Landesgeschichte und Landeskunde wecken. Die Schwäbische Alb hat noch vieles zu bieten, auch im Verborgenen! Sie möchte die Besucher zu eigenen erlebnisreichen Entdeckungen anregen und willkommen heißen.

Ammonite Fossils in White Jura (Malm). Ammonites are spiral-shaped molluscs, related to present-day nautili found in the Indian Ocean. The Jurassic period is divided into three stages, the names of which are derived from the colour of the stone: Black Jura, then Brown Jura, and finally White Jura. The other recognized terms are Lias, Dogger and Malm. In the southern parts of the Schwäbische Alb, the thickness of the strata is on average 80, 240 and 400 metres. The fertile agricultural land in the Alb foreland is made up of Black Jura. Grass meadows and forests cover the foothills on a base of Brown Jura. The steep part known as the Albtrauf consists of strata of White Jura. The white limestone cliffs are clearly visible shining forth from amidst the green forest. Originally only the appearance of the strata was considered relevant for the naming process. But geologists eventually realized that particular fossils often only occurred in one individual stratum. These "index fossils" were thus the obvious choice as denotations for strata of the same age. Ammonites perisphintes is such an index fossil.

This Journey of Discovery through the Schwäbische Alb will give readers a first impression of the beauty and charm of this very special landscape. This highland area is an ideal setting for a hiking holiday and has much to offer anyone interested in nature, pre-history and local culture. But the Schwäbische Alb also has many a hidden treasure tucked away, just waiting to be discovered. So why not come and have a look? You won't be disappointed.

Ammonites, nombreuses dans les calcaires du Jura souabe, sont des mollusques céphalopodes fossiles, à coquilles enroulées, apparentés au nautilus qui vit encore aujourd'hui dans les eaux de l'océan Indien. Le Jura souabe s'est constitué durant la période jurassique qui se divise en trois phases appelées jurassique inférieur ou lias, jurassique moyen ou dogger et jurassique supérieur ou malm. Les terrains se situent à 80, 240 et 400 mètres de profondeur. Le sol fertile des plaines cultivées du Jura souabe date du jurassique inférieur. Les prés et les forêts qui recouvrent les pieds des montagnes moyennes s'étendent sur des couches de terrains du jurassique moyen et le relief calcaire des versants provient du jurassique supérieur. Les rochers blancs qui brillent entre les tons verts chauds des forêts offrent de magnifiques paysages. A l'origine, les différentes couches de terrains étaient classifiées selon leur aspect, à savoir leur couleur noire, brune ou blanche. Les géologues reconnurent plus tard que certains fossiles n'apparaissaient que dans une seule couche de terrain. Ces fossiles permirent de déterminer avec précision les couches qui s'étaient créées à la même période. L'ammonite du genre «perisphincte» est un de ces «fossiles guides».

Cet ouvrage révèle son objectif dans son titre: «A la découverte du Jura souabe». A travers ses photographies et ses textes, il offre au lecteur des impressions premières de la beauté et des attraits de cette contrée, encore peu connue en dehors des frontières de l'Allemagne. Le visiteur étranger découvrira une région de montagnes moyennes très accueillante, à la nature splendide. Ce lieu de villégiature et de randonnées fort prisé captivera en outre par ses richesses préhistoriques, géologiques et son histoire. Le Jura souabe, un terroir, rempli de curiosités et aux multiples facettes cachées qui se dévoileront aux visiteurs au gré de leur voyage.

TIERE DER EISZEIT / ICE AGE ANIMALS / ANIMAUX PREHISTORIQUES ▷▷

Die folgenden Nachsatzseiten zeigen einige Tierarten der Schwäbischen Alb aus der Eiszeit, die vor 10.000 Jahren zu Ende ging. Sie sind zum Teil ausgestorben, zum Teil kommen verwandte Arten heute noch in kälteren Regionen der Erde vor. Abgebildet sind von links nach rechts: Wolf, Steppenbison, Säbelzahntiger, Mammut, Höhlenlöwe, Nashorn, Riesenhirsch, Höhlenbär, Wildpferd.

A number of species indigenous to the Schwäbische Alb in the Ice Age, which finished some 10,000 years ago, are depicted on the following pages. Some have become extinct, related species of others are still to be found today in colder regions of the earth. From left to right the animals are: wolf, prairie bison, sabre-toothed tiger, mammoth, cave lion, rhinoceros, stag, cave bear, wild horse.

Les pages suivantes montrent quelques espèces d'animaux qui vivaient dans le Jura souabe à l'ère glaciaire qui se termina il y a environ 10 000 ans. Beaucoup d'espèces ont disparu, mais certaines ont évolué et vivent dans les régions aux climats tempérés du globe. De gauche à droite: loup, bison des steppes, machairodus, mammouth, rhinocéros, cerf géant, ours des cavernes, cheval sauvage.